旅游大数据

理论与应用案例

张佳倩◎著

山西出版传媒集团
山西科学技术出版社
太原

图书在版编目（CIP）数据

旅游大数据理论与应用案例 / 张佳倩著. — 太原：山西科学技术出版社, 2024.8. — ISBN 978-7-5377-6418-6

Ⅰ.F59-39

中国国家版本馆CIP数据核字第2024SS9948号

旅游大数据理论与应用案例
LÜYOU DASHUJU LILUN YU YINGYONG ANLI

出　版　人	阎文凯	
著　　　者	张佳倩	
责 任 编 辑	李　兆	
封 面 设 计	杨宇光	

出 版 发 行　山西出版传媒集团·山西科学技术出版社
　　　　　　　地址：太原市建设南路21号　邮编：030012
编辑部电话　0351-4922063
发行部电话　0351-4922121
经　　　销　各地新华书店
印　　　刷　山西苍龙印业有限公司

开　　　本	889mm×1194mm　1/32	
印　　　张	7	
字　　　数	151千字	
版　　　次	2024年8月第1版	
印　　　次	2024年8月山西第1次印刷	
书　　　号	ISBN 978-7-5377-6418-6	
定　　　价	48.00元	

前　言

　　本书立意于旅游行业大数据的理论构建和应用案例。随着数据在互联网、电子商务、科学研究等诸多领域内的广泛应用，其规模和种类正在以不可估量的速度增长，大数据时代已经来临。作为信息密集型产业，旅游业对信息和信息技术具有很强的依赖性，信息化是旅游业发展的内在要求与必然趋势。新环境下旅游业的竞争，实质上是按旅游大数据的掌握程度和应用效率重新切分旅游市场蛋糕的竞争。

　　旅游行业的从业者不仅需要掌握基本的服务技能，更需掌握旅游企业数字化运营的思维和技术。梳理旅游大数据基础知识和应用技巧，即数据收集和处理、数据分析和挖掘、构建旅游大数据平台、旅游数据的应用等方面的内容，能够使读者掌握旅游大数据的基本理论和方法，并应用于实际的旅游业务中。同时，也能够使读者了解旅游大数据的发展趋势和面临的挑战与机遇，为旅游业的创新和发展提供有力支持。

本书共分为理论篇和应用篇两个篇章。理论篇包括第一章至第四章，其中第一章主要介绍大数据的应用背景、研究进展情况和旅游大数据的概述；第二章介绍文本、图片、视频、设备、事务等不同类型的旅游大数据的概述和分析方法；第三章介绍大数据在与旅游行业相关的三个领域的应用；第四章介绍旅游大数据的伦理内容。应用案例篇包括第五章至第十二章，其中第五章介绍搜索大数据的应用，第六章介绍文本数据的语义结构，第七章介绍文本数据的情感挖掘，第八章介绍视频数据在目的地形象构建方面的应用，第九章介绍图片数据在形象差异化分析方面的应用，第十章介绍游客画像的构建，第十一章介绍大数据在旅游行业舆情事件内容分析方面的应用，第十二章介绍大数据在舆情事件分析传播规律方面的应用。

由于本人学术水平和写作能力的限制，加之旅游大数据行业发展之快，书中难免有不足和疏漏之处，欢迎读者提出宝贵意见。

张佳倩

2024 年 3 月于长治

目　录

第一章　绪论 ………………………………………… 1

　第一节　大数据的发展及应用 ………………… 1

　第二节　大数据的研究进展 …………………… 9

　第三节　旅游大数据概述 ……………………… 19

第二章　旅游大数据类型及分析方法 …………… 29

　第一节　文本数据 ……………………………… 29

　第二节　图片数据 ……………………………… 41

　第三节　视频数据 ……………………………… 47

　第四节　设备数据 ……………………………… 49

　第五节　事务数据 ……………………………… 53

第三章　旅游大数据的应用 ………………………… 56

　第一节　文旅管理 ……………………………… 56

　第二节　旅游服务 ……………………………… 59

第三节　智慧营销 ·············· 63

第四章　旅游大数据伦理········· 65

第一节　信息安全 ·············· 65

第二节　数据权力 ·············· 69

第三节　信息茧房 ·············· 72

第五章　基于搜索数据的网络关注度分析·········· 81

第六章　基于文本数据的语义结构探索··········101

第七章　基于文本数据的游客情感挖掘··········122

第八章　基于视频数据的目的地形象构建··········132

第九章　基于图片数据的形象差异分析··········149

第十章　游客用户画像研究··········165

第十一章　酒店卫生事件网络舆情内容研究········187

第十二章　旅游目的地突发事件网络舆情

传播规律分析··················201

参考文献····················210

第一章　绪论

第一节　大数据的发展及应用

一、大数据的发展背景

大数据发展的背景是多方面的，它是信息技术进步、信息基础设施完善、业务需求变化以及国家战略推动等多方面因素共同作用的结果。

首先，信息技术的快速发展为大数据的崛起提供了有力支撑。从大型机到微型机，再到网络化和大数据浪潮，信息技术的每一次进步都推动了数据处理能力的提升。特别是近年来，随着云计算、物联网、移动互联网等技术的广泛应用，数据量呈爆炸式增长，数据类型也日趋多样化，这为大数据的发展提供了丰富的数据资源。

其次，信息基础设施的不断完善为大数据的存储和传播提供了物质基础。网络带宽的增加、存储设备性价比的提升以及云计算技术的发展，都为大数据的集中管理和分布式访问提供了必要的场所和分享的渠道。

2G 实现了从 1G 模拟信号时代走向数字时代；3G 实现从

2G 数字时代走向移动互联网时代；4G 实现数据速率大幅提升；5G 最大的改变，就是实现了人与人之间的通信走向人与物、物与物之间的通信，引领万物互联趋势，推动社会发展；6G 则指的是第六代移动通信技术，是 5G 的延伸，6G 时代将会是一个万物智联的时代。

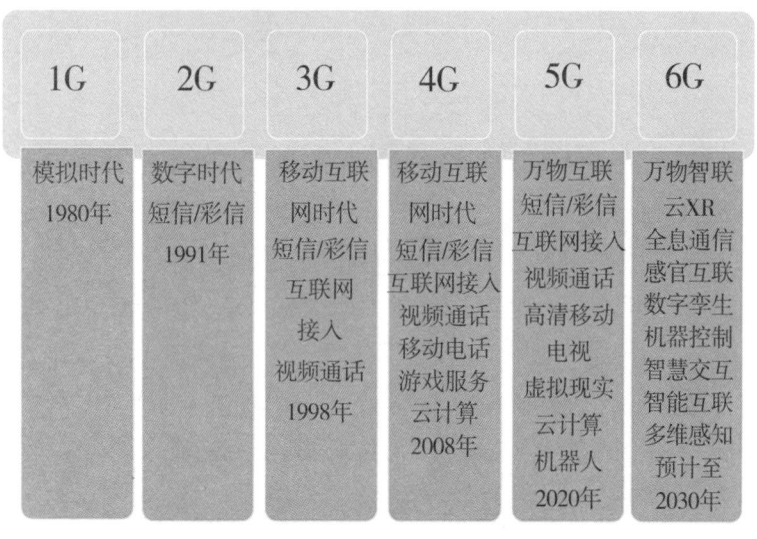

图 1-1　移动通信技术发展历程

我国的 5.5G 技术目前正处于快速发展阶段，并有望在 2024 年实现规模商用。5.5G，也被称为 5G-A，是介于 5G 和 6G 之间的一种过渡阶段的移动通信技术。相较于 5G，5.5G 预计在连接速率、时延、定位、可靠性等方面提升十倍左右，并有望实现毫秒级时延和低成本千亿物联。

目前，由华为公司研发的全球首个 5.5G 智能核心网解决方案已经正式发布，并完成了全部功能测试以及技术性能测试。其中，新通话技术作为华为 5.5G 智能核心网的重要组成部分，已在我国 31 个省级行政区部署，预计可支撑 5000 万用户。此外，这一技术也在欧洲、拉美、中东和亚太等多个地区得到了广泛验证。

再次，业务需求的变化也推动了大数据的发展。随着企业信息化程度的提高，业务数据越来越多，如何从这些海量数据中提取有价值的信息，成了企业面临的重要问题。大数据技术的出现，使得企业能够更好地分析市场趋势、优化产品设计、提升服务质量，从而实现商业价值最大化。

最后，国家战略性的推动也为大数据的发展注入了强大动力。许多国家都将大数据作为战略性新兴产业来发展，并通过政策扶持、资金投入等方式推动大数据产业的快速发展。2024 年 1 月 29 日，我国工业和信息化部等七部门联合发布《关于推动未来产业创新发展的实施意见》（简称《意见》），《意见》中将信息产业纳入未来产业前瞻部署新赛道中，着重推动下一代移动通信、卫星互联网、量子信息等技术产业化应用，加快量子、光子等计算技术创新突破，加速类脑智能、群体智能、大模型等深度赋能，加速培育智能产业。做优信息服务产品，发展下一代操作系统，构筑安全可靠的数字底座。推广开源技术，建设开源社区，构建开源生态体系。探索以区块链为核心技术、以数据为关键要素，构建下一代互联网创新应用和数字化生态。面向新一代移动信息网络、类脑智能等技术，加快软件产品研发，鼓励新产品示范应用，激发信息服务潜能。《意见》中着重提及未来文旅产业的发展方向，包括开发高端文旅装备，研发支撑文化娱乐创作的专用及配套软件，推进演艺与游乐先进装备、水陆空旅游高端装备、沉浸式体验设施、智慧旅游系统及检测监测平台的研制，发展智能化、高端化、成套化文旅设备。

综上所述，大数据发展的背景是信息技术进步、信息基础设施完善、业务需求变化以及国家战略推动等多方面因素的综合作用。这些因素共同推动了大数据产业的快速发展，使得大数据成为当今社会的重要资源和创新引擎。

二、大数据的应用历程

大数据的应用历程可以划分为四个关键阶段，这四个阶段反映了大数据技术的逐渐成熟和其在各个领域的广泛应用。

首先是大数据技术的初始探索阶段。在这个阶段，大数据（Big Data）的概念开始被提出。1961年德里克·普赖斯出版了《巴比伦以来的科学》，提出"指数增长规律"的概念，数据的指数型增长趋势引起关注，大数据的概念初具雏形。1997年10月，迈克尔·考克斯和大卫·埃尔斯沃思在第八届美国电气和电子工程师协会(IEEE)关于可视化的会议论文集中发表了《为外存模型可视化而应用控制程序请求页面调度》的文章，这是在美国计算机学会的数字图书馆中第一篇使用"大数据"这一术语的文章。此阶段，大数据主要被应用于一些特定的领域，如广告、市场营销和客户关系管理等。大数据的商业价值和利用价值尚未被充分发掘。

其次是大数据的广泛应用阶段。随着技术的不断进步，大数据的应用领域日益扩大至金融、医疗、教育等行业。此外，一些国家也开始推动大数据的发展，制定相关政策，以促进大数据技术的进一步应用。从 2009 年开始，"大数据"逐渐成为互联网信息技术行业的流行词汇。美国政府通过启动 Data.gov 网站的方式进一步开放了数据的大门，该网站向公众提供各种各样的政府数据。2010 年 12 月，美国总统办公室下属的科学技术顾问委员会和信息技术顾问委员会向奥巴马和国会提交《规划数字化未来》的战略报告，把大数据收集和使用的工作提升到体现国家意志的战略高度。2012 年，中国计算机学会 (CCF) 发起组织了 CCF 大数据专家委员会，该委员会特别成立了一个"大数据技术发展战略报告"撰写组。2015 年，国务院正式印发了《促进大数据发展行动纲要》，将大数据提升到要求系统性发展的高度。

再次是大数据应用的快速发展阶段，此时大数据的定义得到了正式确定。2016 年开始，数据计算逐渐成为大数据技术的核心，包括数据查询、统计、分析、预测、挖掘等。同时，大数据的应用范围也进一步扩大，开始影响到人们的生活、购物、娱乐等商业方面，更扩展至社会服务、公共安全、公共健康等社会治理方面。

最后是大数据应用的深入融合阶段。2021 年至今，大数据与云计算、人工智能、机器学习、元宇宙、超大规模新型智算中心等技术的结合更加紧密。这些技术的融合使大数据的处理能力得到了极大的提升，同时也使大数据的应用场景更加多样化，应用领域进一步拓展。同时，随着人们对数据隐私和安全的关注度不断提高，大数据的应用也将更加注重数据的合规性和安全性。

总的来说，大数据的应用历程是一个不断发展和深化的过程。随着技术的不断进步和应用场景的不断拓展，大数据将在未来发挥更加重要的作用，推动社会的数字化转型和智能化升级。

三、大数据的旅游应用历程

大数据在旅游行业的应用经历了一个逐步深入和拓展的过程，具体可以分为以下几个阶段。

（一）数据收集与整合阶段

初期，旅游行业开始意识到数据的重要性，并逐步收集来自不同渠道的数据，包括游客行为、消费记录、旅游资源等。通过建立统一的数据平台和标准，实现了数据的整合和共享，为后续的数据分析打下基础。

（二）基础数据分析与应用阶段

在数据整合的基础上，旅游行业开始进行基础的数据分析，如游客流量分析、消费趋势分析等。这些分析结果帮助企业了解市场趋势和游客需求，为旅游产品设计和营销策略制定提供了数据支持。

（三）个性化服务与精准营销阶段

随着数据分析技术的提升，旅游行业开始利用大数据进行个性化服务和精准营销。

通过分析游客的行为和偏好，企业能够为他们提供定制化的旅游产品和服务，提高游客满意度和忠诚度。同时，根据数据分析结果，企业可以制定更加精准的营销策略，提高营销效果。

（四）智慧旅游与智能化管理阶段

随着物联网、云计算等技术的发展，旅游行业开始进入智慧旅游和智能化管理阶段。

大数据技术被广泛应用于旅游资源的智能调度、旅游安全的智能监控、旅游服务的智能优化等方面。通过智能化管理，旅游行业提高了运营效率和服务质量，提升了游客的旅游体验。

（五）创新应用与跨界融合阶段

在大数据技术的推动下，旅游行业开始探索更多的创新应用和跨界融合。例如，利用大数据和人工智能技术开发智能导游系统、虚拟旅游体验等新型旅游产品。同时，旅游行业也与其他行业进行跨界合作，共同开发基于大数据的旅游新业态和新模式。

以上几个阶段在技术应用深度、数据分析复杂度、业务价值实现以及行业影响等方面存在明显差异。

首先，从技术应用深度来看，早期阶段主要侧重于数据的收集和整合，关注的是数据的基础处理和存储。随着技术的不断发展，后续阶段开始利用更高级的数据分析技术和算法，如机器学习、人工智能等，进行更深入的数据挖掘和预测分析。其次，数据分析的复杂度也在不同阶段表现出明显的差异。初期阶段主要进行简单的描述性统计和可视化展示，而后续阶段则需要进行更复杂的预测性分析和因果推断，以揭示数据背后的深层次规律和趋势。在业务价值实现方面，早期阶段的大数据应用可能主要服务于企业的基本运营决策，如优化旅游线路、提高服务质量等。而到了后期阶段，大数据的应用则能够推动企业的战略转型和创新发展，如开发新的旅游产品、拓展新的市场等。最后，从行业影响来看，随着大数据在旅游行业应用的不断深入，其对整个行业的影响也在逐渐扩大。从最初的效率提升和成本降低，到后来的服务创新和商业模式变革，大数据正在推动旅游行业的全面升级和转型。

总的来说，大数据在旅游行业的应用经历了一个从基础数据整合到个性化服务、智慧旅游再到创新应用和跨界融合的过程。随着技术的不断进步和应用场景的不断拓展，大数据将为旅游行业的创新和发展提供更加广阔的空间。

第二节 大数据的研究进展

一、大数据的研究概况

大数据的研究概况可以概括为以下几个主要方面：

一是基础理论的研究。这主要涉及对大数据技术的科学定义、结构模型以及数据理论体系等基础问题的探索。当前，相关专家与研究人员在这一领域尚未形成统一的认识和判定标准，对于数据质量和数据计算效率的评估也缺乏统一的标准。

二是关键技术的研究。这包括大数据格式的转化、数据转移和处理等核心问题。大数据的异构性和异质性使得格式转化成为提升大数据应用价值的关键。同时，提高数据转移速率对于提升大数据计算能力也至关重要，这需要对大数据进行有效的整合与处理。

三是应用实践的研究。在实际应用中，大数据主要用于数据管理、数据搜索分析和数据集成等方面。通过大数据的分析和挖掘，企业可以发现潜在的用户需求，提高产品质量，降低运营成本。

四是数据安全与隐私保护。随着大数据的广泛应用，数据安全和隐私保护问题也日益凸显。如何确保数据的安全性和隐私性，防止数据泄露和滥用，是当前大数据研究的重要课题。

在全球范围内，大数据的研究和应用都得到了广泛的关注。各国政府、企业和研究机构都在投入大量资源进行大数据的研究和应用开发。随着技术的进步和应用的深化，大数据将在更多领域发挥更大的作用，推动社会的数字化转型和智能化升级。

总的来说，大数据的研究是一个跨学科的综合性课题，涉及理论、技术、应用和安全等多个方面。随着技术的不断进步和应用场景的不断拓展，大数据的研究和应用将更加深入和广泛。

二、旅游大数据的研究进展

（一）研究阶段特征明显

进入 21 世纪，大数据被国内各行业重视，大数据在旅游行业的应用和研究经历了认识、探索、纵深等阶段，未来还会沿着多学科融合、多数据交织、多方法贯通的思路继续发挥其在旅游业的作用。

认识阶段。中国旅游报在 2013 年的题为《BIGDATA "大数据"，旅游业如何利用》的文章中，较早较全面地阐述了大数据在旅游业的应用价值和应用难题，文中说到大数据的出现拓宽了知识的边界，大数据在旅游营销、行业监管、文旅公共服务等方面发挥巨大优势；另外，文中也提到，数据收集效率、分析方法、数据隐私等问题将会成为旅游大数据的应用障碍。

探索阶段。旅游大数据研究以应用构想为主线，应用领域逐渐细分。此阶段中的旅游大数据的应用研究以定性研究为主，研究成果展现了在各行业中的数据应用重点和一些应用构想，虽然应用研究的成果较少提及技术维度，但是在旅游的各细分领域中均有涉及，典型代表包括旅游供应链、旅游网络营销、旅游公共服务、旅游区域合作、旅游产业链和旅游教育。陈涛从需求管理与预测、产品与收益管理、服务与绩效评估、信息共享与协同等四个方面阐述了大数据的应用之处，并构建了一个旅游服务供应链管理模型。[1]吴英鹰认为，要基于大数据分析更准确的营销路径和消费行为，利用网络社群投送"窄告"。[2]乔向杰从标准体系、技术平台、数据源、应用领域、运营机制等方面全面阐述了基于大数据的文旅公共服务框架的内容。[3]于锦华等探讨了在云旅游的技术前提下，打破旅游资源的地域性，实现跨区域旅游合作的可能性和模式。[4]曹宁认为大数据时代旅游产业链的核心不再是产品创新，而是消费者的组织和引导需求。[5]宋红娟将"共生理念"引入大数据时代的旅游管理教育。[6]

此外，旅游大数据的应用已经开始在中观层面展现出一些技术和平台的雏形，例如旅游目的地信息系统、智慧旅游云数据中心、个性化旅游推送系统、旅游管理服务系统、旅游微观数据信息平台等。

纵深阶段。旅游大数据的研究更加深入和细分，在数据类型、研究方法、应用领域等方面均有进步。

（二）研究数据类型从单一向多元发展

早期研究收集的数据只包含一种数据，后出现同类型中的多种数据，例如采用同一类型的 UGC（User Generated Content, 用户生成内容）数据中的文本和图片同时分析。最近的研究中出现多类型数据相结合的研究，以破除单一数据源的片面性。

1. 单一数据类型特征

UGC 数据中多以文本数据为主，图片数据次之，视频数据最少。单一文本数据的研究落脚点在旅游目的地的感知形象、情感形象、形象对比等方面。单一图片数据的研究体现于形象感知、景区偏好、游客行为等。单一视频数据的研究表现在视频分析技术、视频内容的表现方式、视频与旅游行为的关系等角度。

单一位置数据主要包括数据自带的位置标签、微博签到数据、GPS 轨迹数据、手机信令数据等，研究方向有游客行为、位置数据的分析技术、位置数据的线路设计和可视化、旅游客流统计理论框架。

游客行为的研究方面，尹曾曾分析十年间 34215 份微博签到位置数据，分析游客在年度、季节、月度、节假日等时间尺度的分布情况以及空间上的聚集分散情况，探索游客在婺源的游览行为的规律性；[7] 塔娜基于 2 万条 GPS 轨迹数据、1290 万条 GPS 轨迹点数据，22 万余条兴趣点地理照片数据，利用地理空间分析技术，从时间、空间、时空演化多角度探索北京户外登山旅游者的游览行为规律。[8]

位置数据的分析技术的研究方面，运晓艳创建了景区热度及空间联系的表达体系，实现了微博签到位置数据和文本中位置信息的技术结合，同时实现位置数据的关联性，将景区内部定位数据和景区周边定位数据的关联重现；不仅研究景区内部行动轨迹，而且兼具游客抵达景区交通方式的分析框架，从研究维度上扩充了位置数据的使用价值，并且以平遥古城为案例地进行实证检验。[9] 冉建华针对自然风景区位置信息分析不足和定位服务精度不够的现状，提出动态数据的定位技术方案和一种基于 RSSI 的 RFID 优化定位模型，该研究为大范围自然风景区的位置服务提供了技术方案，并以九寨沟为例设计了基于位置服务的智能搜救终端系统。[10] 区别于上一研究，金志雍聚焦小尺度位置服务，提供了基于室内行动轨迹数据的挖掘算法，在算法的基础之上提出了一个融合自注意力机制和长短期记忆网络结构的旅游推荐模型，并且开发了室内位置服务系统，该研究在小尺度空间的位置算法和推荐模型研究领域有可取之处。[11]

旅游客流统计理论框架研究方面，宋廷山、郭思亮基于收集用户通信大数据，构建了客流大数据统计指标体系，满足出入境、省、市、县各级别客流数据的统计所需。[12]

事务数据中以搜索数据的研究为主，因为对研究者而言，搜索数据获取容易，数据量充分。单一网络搜索数据的研究涉及时空差异和影响因素、客流量预测、游客行为等。张宇飞利用冰雪旅游的百度搜索指数数据分析冰雪旅游游客在时间和空间上的分布差异性，并且构建回归模型分析这一差异的原因。[13]王玉梅等利用网络搜索数据构建客流量预测模型，并且使用九寨沟和四姑娘山两个景区的实证数据做验证，发现 GWO-SVR 模型的预测精度最高。[14]马威等利用互联网搜索数据，构建了搜索行为与出游行为之间的关联模型，最大化发挥了搜索数据的前测作用。[15]

2. 多元数据类型特征

受益于数据获取方式的更新，越来越多的研究采用了多元数据类型相结合的方式，以确保研究的准确性和全面性。曹静如对百度搜索指数和微博文本两类数据进行处理，构建多数据类型的客流量预测模型，突破以往以定量数据进行客流量预测的分析惯例，同时在定量数据的建构上也有所突破。首先是使用 R/S-TDC-EMD-KPCA 方法将百度指数合成综合指数，以解决数据噪声多、高波动的问题；其次是使用将微博文本数据信息基于正负情感简单相加和基于正负情感非对称的方法构建情感指数；最后将综合指数、情感指数和历史客流量三类数据构建预测模型，并用月度数据进行验证，检验模型的准确性和适用性。[16]刘培学等利用手机信令数据精准定位抵达南京市钟山风景区的游客群体，利用百度指数找到对该目的地感兴趣的游客群体，并就两类数据做了关联性分析，探索了游前搜索和实际出游行为的"前兆关系"，推进了旅游客流和网络信息流两类数据的研究深度和应用准确度。[17]王浩等利用游记文本数据研究旅游者出游的出发时间、停留天数、客源地、花销，并利用百度指数对文本未提及的出游者年龄、性别等要素进行分析，两类数据的分析结果构成了淄博旅游的完整游客画像。[18]

（三）研究方法由简单向复杂发展

初期多以人工分析方式探索结论，后出现机器学习方式，继而有了机器学习和人工分析的比较研究以及结合研究。人工分析的方式能处理的数据量有限，分析维度单薄，分析结果的深度尚浅。如赵振斌统计网站论坛游记中的高频词，发现了陕西太白山背包旅游行为特征包括动机、路线、感受、视觉内容和自助性。[19]机器处理的研究方法拓宽了数据类型，打破了数据量的限制，加快了数据的处理速度，使得研究结果更加精细化。如顾渐萍等收集网络中的重庆景点评论文本，运用 Word2Vec 词向量模型进行训练，应用 TF-IDF 方法，对 141310 条评论进行语义挖掘，发现了游客对重庆旅游感知的三个层面和十类意象。[20]邓宁等运用计算机深度学习算法，分析网络平台发布的 27054 张图片，探索入境游客对北京目的地形象的认知情况，发现了自然、建筑的认知重点以及令人愉快、兴奋的情感重点。[21]机器学习自动分析数据的方法存在语义偏差、分析结果机械等弊端，同时过度依赖机器学习忽视了研究者作为研究一环的价值，正因如此，学界出现了人工分析和机器学习的对比研究和结合研究。如刘逸等创建了基于词典和语义规则的人工分析模型TSE，并将其与朴素贝叶斯、逻辑回归模型、随机森林、梯度提升决策树、TextCNN（基于卷积神经网络的文本分类算法）以及TextRNN（基于循环神经网络的文本分类算法）等六个机器学习模型进行了分析效度对比，用约60万条旅游评论数据为数据源，发现TSE模型的分析效度排第二，但是稳定性最佳，这一研究肯定了机器学习算法的优势，同时坚定了人工计算模型的价值。[22]在此基础之上，学者开始将机器学习和人工计算相结合，各取所长，确保研究的准确性。如郑淞尹采用LR（参数模型）和SVM（非参数模型）模型完成网络评论的情感分类，再对中外游客感知维度进行人工分析，同时发现不同情感类别中感知维度的差异。[23]

（四）研究视角交叉融合

出游行为所涉及的业态之丰富，是其他消费行为所不具备的，旅游业的上游供应商众多和下游产业链条丰富，旅游研究不再局限于旅游行业本身，开始与其他学科交叉融合。

1. 旅游大数据与市场营销相结合

当前精准营销的迫切性和重要性已经得到了广泛认可，

海量、真实的数据为精准营销提供了土壤，旅游大数据和市场营销相结合提升了旅游目的地的管理水平，尤其是在面对海量的数据时提升了营销投送的效率，提高了渠道管理的触及率。大数据与市场营销的结合在以下三方面表现突出：首先是旅行线路设定的精准化，其次是旅游企业营销活动效率的精准量化和评估，最后是新型营销技术的探索和开发。

2. 旅游大数据与地理学科相结合

地理学科注重空间的分布、流动、变异等情况，对大量的游客位置移动数据进行建构，形成了旅游流的新研究方向，用以判断游客的流动轨迹和规律，进行客流量的预测。此外，旅游大数据的可视化也是近年来的研究热点，不同地理尺度下的数据呈现为旅游资源规划和客流分布提供了渠道，不同时间尺度下的数据可视化为旅游目的地的容量管理和承载力研究提供了便利。

3. 旅游大数据与计算机科学相结合

多源异构的大数据为旅游科学研究提供了新鲜的议题，同时也为科研人员带来了技术挑战，旅游与计算机科学相结合的研究视角应运而生。细分领域表现在以下几方面：一是研究大数据自动化获取，如李峰为应对网络的反爬虫控制，研究出一种安全智能获取图像大数据的关键技术。[24]二是为提升结果精确度而进行的算法研究，如宁宝玲解决关系结构、树结构、图结构三类典型大数据类型的划分问题，使数据在计算场景下的划分算法更高效。[25] 三是旅游大数据应用平台的建构，如尹方超设计了一个河北省文化与旅游平台的应用，平台功能包括景区数据资源功能、游客数据资源功能、旅游行政管理与监督功能，各项功能为旅游资源信息和游客感知信息的充分挖掘提供了便利。[26]

4. 旅游大数据与经济学、金融学相结合

从旅游订单数据中可以提取食、住、行、游、购、娱等各旅游要素的消费明细以及支付信息，从银联数据库中的店铺标签挖掘不同类型业态的经营态势，这些大批量的微观消费信息为行业经济探索和挖掘提供了素材，同时为宏观经济分析、预测、制定政策提供了新的研究视角。

5. 旅游大数据与教育学相结合

行业的变革必将推动学科教育的进步，国内外旅游大数据行业已有 20 余年的发展历程，相应催生了旅游高职、高专、本科、研究生等各级教育课程设置和课程建设的研究。细分研究领域有学生心理教育研究、课程建设研究、人才培养体系研究等方面。王振坤探讨了高职外语和旅游专业学生心理教育的议题，结合大数据时代特征和学生心智特征，提出了心理健康教育的对策。[27] 白刚探讨了新文科背景下旅游数据分析课程的建构思路，并提出了素质发展、双线课程建设、校企融合和师资队伍建设四个方面的建构路径。[28] 罗如学等从课堂教学、师资建设、人才培养模式、教学评估

方式等角度，全面讨论了如何将大数据的分析思维深刻融入旅游管理专业学生的学习环节中。[29]

6.旅游大数据与法律学相结合

广泛获取、研究、应用 UGC 数据必然会涉及游客的信息安全和数据权力等法律议题，数据安全的法律知识普及和相关立法的研究热度高涨，主要涉及隐私保护权和数据权力等角度。如纪海龙从物权法、侵权法、竞争法等角度阐述了数据保护立法的基础。[30]文禹衡对数据权力的基本范畴、生成机理、规制路径等做了全面论述。[31]此外对精准营销策略下衍生出的"大数据杀熟"和"信息茧房"的研究日益成熟。如李飞翔从审思、启示、治理等角度阐述了"大数据杀熟"的伦理问题；[32]胡元聪等在"大数据杀熟"的背景下讨论了消费者公平交易权的保护问题。[33]

第三节　旅游大数据概述

一、旅游大数据的定义

旅游大数据是指在旅游业运营中收集、整合、分析和应用的各种大数据，这些数据来自不同渠道，包括但不限于旅游企业的交易数据、游客的位置数据、社交媒体上的旅游评论、酒店预订数据、交通出行数据等。这些数据一旦被收集起来，就可以采用大数据分析技术进行挖掘，发现其中的规律和趋势，为旅游决策者提供全方位的数据支持，以便更好地进行业务规划和市场分析，优化旅游产品和服务，提高旅游业的效率和质量。

二、旅游大数据的特征

（一）多源异构性

旅游大数据来源于多个渠道和多种类型的数据集合，包括但不限于游客的评论、图片、音频和视频等 UGC 数据，设备的定位和传感器数据，交易数据以及涉旅部门数据。这些数据不仅来源多样，而且性质、类型和特征也不一，为全面理解旅游活动和行业态势提供了丰富的数据资源。

（二）时空属性

旅游活动的开展伴随着游客的空间移动，因此旅游大数据具有空间位移的规律性。在时间尺度上，旅游大数据可以追踪一次具体的旅游活动，也可以长期观察景区或旅游目的地的变迁。在空间尺度上，旅游大数据可以细致到景点游步道和旅游街区，也可以宏观到城市和区域。

（三）高度的动态性

旅游大数据的特征由旅游业本身的特性决定，包括不断变化的旅游资源、旅游景区和旅游感受。同时，外部因素如国家政策法规变化、产业发展变化、设施设备变化等也会为旅游大数据注入动态性的特征。

（四）综合性

旅游产业集合了"食住行游购娱"等多个方面，这些方面的数据共同构成了旅游大数据的综合特性。每天旅游目的地都会因此产生大量综合性的数据，涵盖了游客的各种服务选择和需求。

（五）容量大与价值密度低

旅游大数据的容量极大，包含了结构化、半结构化和非结构化数据，如网络日志、音频、视频、图片、地理位置信息等。然而，有价值的数据往往隐藏在大量的数据中，需要提取和挖掘。

（六）周期性波动与速度快、时效高

旅游大数据呈现出周期性波动的特征，数据流会随着日、季节、特定事件的触发出现周期性峰值。同时，旅游大数据要求快速处理，如搜索引擎需要实时更新信息，个性化推荐算法需要实时完成推荐。

三、旅游大数据的应用价值

市场定位：通过旅游大数据分析，旅游企业和社会组织可以更准确地了解目标市场的构成、市场特征、消费者需求和竞争者状况，从而提出科学合理的解决方案。

服务优化：基于旅游大数据，可以对游客画像及旅游舆情进行分析，提升协同管理和公共服务能力，推动旅游服务、旅游营销、旅游管理、旅游创新等变革。

决策支持：旅游大数据的分析结果可以使旅游参与各方的决策更加高效便捷，提高游客及消费者满意度。

总的来说，旅游大数据的概念涵盖了从数据收集到分析应用的整个过程，其目标是为旅游业的各个方面提供有力的数据支持和决策依据，推动旅游业的持续发展和创新。

四、旅游大数据的发展趋势

大数据应用的趋势呈现出多元化和深度化的特点，主要涵盖以下几个方面。

（一）数据驱动决策

随着企业对数据价值的深入认识，大数据正在成为企业决策的重要依据。无论是商业策略、产品设计，还是运营优化，大数据都能够提供精确的分析和预测，帮助企业做出更明智的决策。

数据驱动决策是一种基于数据分析来制定业务策略和管理决策的方法。它强调以事实和数据为依据，通过收集、整理、分析和解释大量的数据来指导决策过程，而非仅仅依赖直觉、经验的主观判断。

在数据驱动决策中，数据被视为组织的重要资产和竞争优势。通过对数据的深入挖掘和分析，企业能够更准确地了解市场趋势、客户需求、业务性能等方面的情况，从而做出更加明智有效的决策。

数据驱动决策的过程通常包括以下几个步骤。

第一，数据收集。需要收集与决策相关的各类数据，这些数据可能来自内部系统、市场调研、客户反馈等多个渠道。

第二，数据处理与分析。对收集到的数据进行清洗、整合和分析。这通常会使用统计方法、数据挖掘技术或机器学习算法来提取有价值的信息和洞察。

第三，洞察提取。通过对数据的深入分析，发现隐藏在数据背后的模式、趋势和关联关系，从而提取出对决策有指导意义的洞察。

第四，决策制定。基于提取的洞察，制定具体的业务策略和管理决策。这些决策旨在优化业务流程、提升客户满意度、降低成本或实现其他业务目标。

第五，决策执行与监控。将决策付诸实施，并通过持续的数据监控和反馈来评估决策的效果。这有助于及时调整策略，确保决策的有效性和可持续性。

数据驱动决策的优势在于它能够提供更加客观、准确和全面的决策依据，减少主观偏见和错误判断的风险。同时，它还能够帮助企业更好地应对市场变化和竞争挑战，实现持续改进和创新发展。

（二）行业深度融合

大数据正在与各行各业深度融合，特别是在金融、医疗、教育、零售等领域。例如，金融行业利用大数据进行风险评估和信用评级；医疗行业通过大数据分析患者数据，提高诊疗效率；教育行业则利用大数据进行个性化教学；等等。

在大数据的背景下，旅游行业正积极与其他行业进行深度融合，以实现更高效、个性化的服务，同时推动行业的创新与发展。以下是一些旅游行业与其他行业深度融合的案例。

旅游与电商的融合。通过大数据分析，电商平台能够精准地掌握消费者的购物习惯和偏好，进而为旅游者提供个性化的旅游商品推荐。同时，电商平台还可以利用大数据进行旅游产品的定价策略优化，以提高销售效率。例如，一些在线旅游平台与电商平台合作，推出定制化的旅游套餐，将旅游服务与特色商品相结合，满足消费者的多元化需求。

旅游与交通的融合。通过大数据和物联网技术，交通行业能够为旅游者提供更加便捷、高效的出行服务。例如，一些城市通过建设智慧交通系统，实现了对旅游车辆的实时调度和监控，提高了旅游交通的效率和安全性。此外，旅游平台还可以与交通运输部门合作，为旅游者提供实时的交通信息，帮助他们更好地规划行程。

旅游与文化的融合。大数据可以帮助旅游行业更好地挖掘和传承地域文化，提升旅游的文化内涵。例如，一些旅游目的地通过收集和分析游客的游览数据，了解游客对当地文化的兴趣和需求，进而推出更具文化特色的旅游产品和活动。同时，通过与文化机构合作，旅游行业还可以将传统文化与现代科技相结合，为游客提供更加丰富的文化体验。

旅游与金融的融合。大数据在金融领域的应用为旅游行业提供了更加便捷、安全的支付和融资服务。例如，一些旅游平台通过与金融机构合作，为游客提供信用评估服务，帮助他们更加便捷地获得旅游贷款或分期付款服务。

此外，大数据还可以帮助旅游行业进行风险管理，通过对游客行为数据的分析，预测和防范潜在的旅游风险。

（三）实时分析与处理

随着物联网、传感器等技术的普及，实时数据的获取和处理变得越来越重要。大数据应用正朝着实时分析的方向发展，以满足用户对快速响应和即时决策的需求。当前在大规模的目的地或者景区中导游数量不足，游客排队等讲解时间过长时，会退而求其次选择自动讲解器或自助导游设备，但是目前此类设备通常采用 RFID 技术实现自动触发讲解，实时性差，对视觉、听觉的捕捉精度低。

因此，可以利用更精准的北斗定位数据和捕捉视觉、听觉的穿戴设备，如眼动仪、话筒等，根据游客行动所至、目光所看的景点精准播放讲解词，甚至可以开发集成性的导游讲解系统，并提供路线规划服务。通过分析游客的游览行为和偏好数据，为游客推荐最合适的游览路线，帮助他们更好地安排行程。同时，游客还可以通过设备获取景区的实时信息，如天气、交通状况等，以便及时调整自己的游览计划。

此外，大数据应用还可以与景区的其他服务设施相结合，形成更加完整的智慧旅游体系。例如，通过与观光车结合，游客可以扫描车辆上的二维码，获取景点定位、资讯以及导游讲解等多功能服务。这种跨领域的合作不仅提升了游客的满意度，也为景区带来了更多的商业机会。

（四）人工智能与大数据的结合

人工智能技术的发展为大数据应用提供了更广阔的空间。通过机器学习、深度学习等技术，大数据能够实现更高级的分析和预测，为企业创造更多价值。

首先，旅游大数据涵盖了游客的位置、偏好、消费习惯等多方面的信息，形成了庞大的数据资源。通过对这些数据的挖掘和分析，可以深入了解游客的需求和行为模式，为个性化服务提供了可能。而人工智能技术的应用，则使得这些数据的分析更加精准和高效，能够实时地根据游客的喜好推荐符合其口味的景点、美食和文化活动，提升游客的满意度和体验。

其次，旅游大数据与人工智能的结合也提升了旅游行业的运营效率和管理水平。通过实时监测游客的位置和人流情况，景区可以更加有效地进行安全管理和应急处理，确保游客的安全。同时，智能化的系统能够迅速响应并采取措施，保障游客在突发事件中的安全。此外，基于数据的精准营销策略也使得旅游商户能够根据不同季节、假期和目标客群进行定向推广，提高游客到访率，实现经济效益的最大化。

最后，旅游大数据与人工智能的结合还为旅游商户提供了更多的商业机会和价值。通过对用户浏览酒店图片及相关信息的行为进行分析，可以了解到用户的喜好，从而用各种智能排序、智能推荐帮助用户找到最喜欢的酒店，也帮助酒店找到最匹配的客户。这种精准营销的方式不仅提高了酒店的入住率，也为用户提供了更加个性化的服务体验。

五、旅游大数据发展的挑战

旅游大数据在推动旅游业发展的同时，也面临着诸多挑战。

首先，数据质量问题是旅游大数据应用的一个基础挑战。大数据的实时性和复杂性要求旅游企业拥有高效的数据处理和分析能力，以确保数据的准确性和完整性。然而，由于数据来源的多样性和数据格式的差异性，数据清洗和整合成为一项艰巨的任务。同时，数据的实时性要求旅游企业具备快速响应和实时分析的能力，这对企业的技术水平和资源投入都提出了较高的要求。

其次，数据安全和隐私保护是旅游大数据面临的重要伦理挑战。旅游大数据涉及游客的个人信息、消费习惯等敏感数据，一旦泄露或被滥用，将给游客造成严重的损失。目前国家法律在信息安全和个人隐私保护等方面尚不完善，然而，随着法律的出台和相关判例的丰富，获取个人消费数据将面临门槛和成本的双重考验。另外，旅游企业需要建立完善的数据安全机制，确保数据的加密存储和传输，防止数据被非法获取和滥用。同时还需要加强员工的隐私保护意识，确保游客的个人信息得到妥善保护。

再次，旅游大数据的应用还面临着技术和人才方面的挑战。大数据技术的不断更新换代要求旅游企业持续跟进学习新技术，以适应市场需求的变化。然而，目前高校在旅游管理人才的培养体系以及行业在从业人员的培训领域尚缺乏规范化和规模化，旅游大数据的技术人才相对匮乏，这制约了大数据技术在旅游业的广泛应用和深度挖掘。因此，需要高校调整培养体系、加大行业投入，提升专业人才的培养效率和引进力度，提升员工的大数据素养和应用能力。

最后，旅游大数据的应用还需要面对法律法规的挑战。随着大数据的广泛应用，相关法律法规的滞后和不足逐渐显现出来。旅游企业在应用大数据时需要遵守相关的数据保护、隐私权益等法律法规，以确保合法合规经营。同时，政府也需要加强相关法规的制定和完善，为旅游大数据的应用提供有力的法律保障。

综上所述，旅游大数据在推动旅游业发展的同时，也面临着多方面的挑战。旅游企业需要不断提升数据处理和分析能力、加强数据安全和隐私保护、培养专业人才并遵守法律法规，以应对这些挑战并充分发挥大数据在旅游业中的潜力。

第二章　旅游大数据类型及分析方法

第一节　文本数据

一、文本数据概述

旅游文本数据主要指的是与旅游活动、景点、目的地、消费、体验等相关的文本信息。这些数据可以来源于各种渠道，包括旅游 OTA 平台、旅游游记分享平台、旅游指南、旅游评论、旅游社交媒体等。旅游文本数据通常包含丰富的信息，能够反映旅游者的行为、偏好、满意度以及旅游目的地的特色、服务质量等。

具体来说，旅游文本数据包括景点描述、旅游攻略、游记与评论、舆论观点等。景点描述是对旅游景点的详细介绍，包括景点的历史、文化、自然风光等；旅游攻略是为旅游者提供行程规划、交通指南、住宿推荐等实用信息的文本；游记与评论是旅游者分享的个人旅行经历和对旅游服务的评价，通常包含对景点、餐饮、住宿等方面的描述和感受；舆论观点是在社交媒体平台上发布的与旅游热点事件、旅游目的地或景区相关的帖子、回复等，这些内容能够反映旅游者的旅游需求和观点态度。

通过对旅游文本数据进行收集、整理和分析，可以深入了解旅游市场的动态、旅游者的需求和行为模式以及旅游目的地的竞争态势和发展趋势。这对于旅游企业制定市场策略、优化产品设计、提升服务质量等方面具有重要的参考价值。

二、文本数据分析方法及工具

（一）词频分析

词频分析是指对文本中重要词汇出现的次数进行统计与分析，是文本挖掘的重要手段。词频分析基本原理是通过词出现频次的变化，来确定热点及其变化趋势。词频分析的原理相对简单，实际操作也不复杂，分析结果常常呈现为一个词云图或数据表格。

目前对文本数据进行分词、词频统计、词频可视化处理的工具较多，操作简单。

1.EXCEL

使用 EXCEL 可以对文本数据进行初步筛选和清洗，例如利用 EXCEL 的"条件格式"功能，根据主题词，可以快速定位需要的评论位置。

案例 2-1 EXCEL 的数据筛选功能

在携程 OTA 平台中收集到 28017 条陕西历史博物馆的评论信息，通过 EXCEL 的"条件格式"功能筛选出包含"讲解"一词的所有评论，并进行突出显示。操作如下：开始—条件格式—突出显示单元格规则—文本包含—输入"讲解"一词，可以将包含该关键词的评论内容突出显示，方便进行下一步文本处理，如图 2-1 和图 2-2。如果需要分析所有评论的时间顺序，以便考察游客在不同时间的分布情况，可以利用 EXCEL 的"排序"功能将评论的时间进行升序或者降序排序，进而筛选时间段，具体操作如下：选中时间数据列—开始—排序和筛选—升序—选定扩展区域，如图 2-3。

图 2-1 条件格式操作截图

图 2-2　条件格式显示结果

图 2-3　排序功能

2.ROST CM

ROST CM 是一款用于内容挖掘的软件工具，全称为 ROST Content Mining System，由武汉大学沈阳教授团队研发，专门用于文本分析，包括分词、词性标注、词频统计、情感分析、可视化输出等功能。

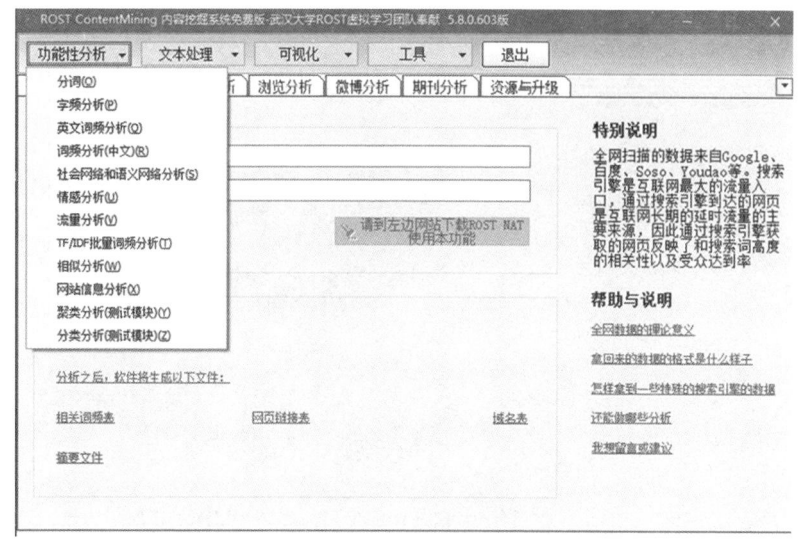

图 2-4　ROST CM 软件界面

3. 词频分析工具

目前已有许多可以进行词频分析的软件或在线分析的网站，如微词云、易词云、优词云、WordItOut、WordArt 等。

微词云：是一款强大的在线文字云和词云生成器，它提供了文本词频统计、多维度筛词、自定义词典等功能，使得文本分析变得简单而专业。微词云不仅支持中文分词和分析，还兼容英文分词，满足了多语言用户的需求。

图 2-5　微词云网站页面

易词云：是一款功能强大的在线词云制作工具，支持词云图制作、分词、词频统计和数据可视化等功能。数据输入简单，可以直接复制粘贴，也可以复制文稿并使用分词功能提取关键词。

优词云：是一款免费的词云在线工具，整体功能不错，但在数据导入方面稍显不便，需要逐个单词替换数据。不过，其他功能还是相当实用的。

WordItOut：是一款非常人性化的词云工具，它不仅提供词云生成功能，还会向用户解释词云的作用和意义，有助于用户更好地理解词云可视化。

WordArt：这款词云工具操作简单，尤其在词云的字体、配色和图形方面支持自定义，使得生成的词云图看起来非常专业和吸引人。

（二）词性标注工具

词性标注工具是用于对文本中的词汇进行词性标注的软件或程序。词性标注是自然语言处理中的一项基本任务，它有助于计算机理解文本的结构和含义。以下是几个常用的词性标注工具。

PKUSeg：由北京大学研究开发，是一个优秀的中文分词和词性标注工具包。它支持不同领域的预训练模型，包括新闻、网络、医药、旅游等领域。PKUSeg 具有较高的分词准确率，同时支持用户自训练模型和词性标注功能。

LTP（语言技术平台）：由哈工大信息检索实验室开发，不仅支持中文分词和词性标注，还具备命名实体识别、语义消歧等功能。LTP 在多个方面都表现出色，且提供了详细的文档说明。

THULAC：是由清华大学自然语言处理与社会人文计算实验室研制推出的中文词法分析工具包，具有中文分词和词性标注功能。THULAC 准确率高，速度快，能够识别一些常见的词语和词组。

jieba 分词：国内使用人数最多的中文分词工具，支持自定义词典和多种分词模式。虽然 jieba 分词主要关注分词功能，但也提供了基本的词性标注功能。

ICTCLAS（中国科学院计算所中文信息处理系统）：是中国科学院计算技术研究所推出的一款基于中文分词技术的开

源软件。它可以对中文文本进行精确的分词，识别出中文文本中的词性，从而实现对文本的自动分析和处理。

smallseg：一款小巧且易于使用的开源中文分词工具包，它同样支持词性标注功能。

此外，还有一些英文的词性标注工具，如 BrillWin 和 GENIATagger，它们分别用于英文语料的词性标注和命名实体识别。

（三）社会网络分析

1. 分析内容

社会网络是社会行动者及他们之间关系的集合，行动者可以是个人、群体、组织，甚至国家。将"行动者"外延扩展至"词语"，那么在一句话中同时出现的词语就形成了一种"共现关系"。词语与共现关系形成的集合即是语义网络。

社会网络分析的核心是图论，即以分析图为形式特征。行动者为点，关系为线，两者结合形成网络图。社会网络分析被认为是一种结构主义范式，它根据行动者之间的关系结构（而非行动者类别）对社会生活议题进行概念化和分析。将社会网络分析与内容分析法相结合，探究在线评论大数据，既能从微观层面发现评论者的语义内容，也能从宏观层面构建评论群体的语义结构。

社会网络分析起源于 20 世纪 30 年代英国人类学家拉德克里夫·布朗对结构的研究，初期主要应用于社会学领域。

进入 21 世纪，社会网络分析开始应用于旅游行为和现象的研究，应用角度包括空间结构、目的地管理、旅游流、旅游决策等。空间结构的研究聚焦在旅游经济空间结构的聚集程度、竞合关系；旅游目的地管理主要集中于利益相关者网络和目的地形象感知两个角度；旅游流的研究借鉴了社会网络分析可视化工具，呈现旅游流的空间流向和时序变化；旅游决策侧重目的地的规划决策，个体行为决策研究较少。社会网络分析以关系属性为出发点，探索节点之间的内在结构特征，但结构特征的内在规律和潜在因素涉及较少，对旅游者的社会关系结构与消费决策的相关性分析更少。

2. 分析工具

社会网络分析的软件主要有以下几种。

UCINET：由加州大学欧文分校的一群网络分析者编写，是一款综合性的社会网络分析程序。它包括一维和二维数据分析的 NetDraw 以及正在发展的三维展示分析软件 Mage 等。UCINET 能够处理大量网络节点的数据。除了基本的社会网络分析，UCINET 还提供了包括中心性分析、凝聚子群分析等多种分析程序。

Gephi：是一个开源的网络可视化工具，它能够处理大型网络并进行深入的社区检测和布局算法。尽管它更侧重于可视化，但也提供了一些基本的社会网络分析功能。

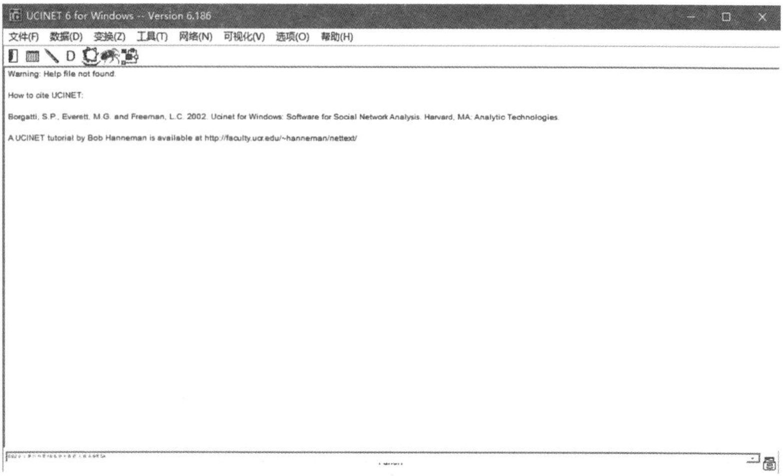

图 2-6　UCINET 软件界面

NetMiner：是一个结合了社会网络分析和可视化探索技术的软件工具，它能够进行深度数据挖掘，并且拥有灵活的数据导入和导出功能。

ORA Pro：是一款用于网络分析、网络可视化和网络预测的工具，它可以处理超过一百万个节点的数据，特别适用于大型和高动态性的网络分析。

Pajek：是一个大型网络分析程序，可以处理大规模网络并提供高效的算法。它也包含可视化功能，使用户能够直观地理解网络结构。

（四）情感挖掘

1. 分析内容

情感挖掘是指通过自然语言处理和文本挖掘的方法，对文本资料中的情感要素进行分析、处理，然后归纳总结，最终挖掘出评论者的观点、情感、评价、态度等信息的过程。情感挖掘需要判断文本内容的情感色彩，例如句子"景色不错，性价比高"带有正面情感色彩，其情感极性为积极；而"吃住质量低、交通不便利"则带有负面情感色彩，其情感极性为消极。虽然这样的情感色彩带有评论者个人的主观性，但是这样的主观表达能传递许多消费需求信息。当评论数量积少成多，时间覆盖广，则能由"主观"变为"客观"，由"个体"转为"群体"，形成对评论对象的全面且客观的情感判断，挖掘出完整的消费市场需求图谱。

2.分析工具

文本大数据情感分析的工具可以帮助我们快速、准确地识别文本中的情感倾向。以下是一些常用的文本大数据情感分析工具。

DiVoMiner®：这是一款功能强大的文本分析工具，它可以处理包括文字、图片、音频、视频在内的多种数据类型。DiVoMiner®提供了自动化情绪分析、语义网络分析、主题提取等功能，可以按需选用，非常适合进行文本内容分析和情感分析。

微词云中文情感分析：微词云是一个在线情感分析工具，功能相对成熟且操作简单。它基于情感词典，通过计算文本中出现的情感词的数量和权重来得出文本的情感倾向。微词云还提供了文本正负面占比统计、情绪值与数量分布、情感词抽取等功能。

百度 AI 开放平台：提供了丰富的情感分析功能，主要面向开发者和企业使用。该平台基于百度公司自主研发的人工智能技术，能够准确识别文本中的情感倾向，并给出相应的结果。

此外，还有一些基于 Python 的文本情感分析工具，如 TextBlob、NLTK、spaCy 和 VADER 等。这些库或工具提供了多种情感分析算法，用户可以根据需要进行选择和使用。

（五）扎根理论

作为一种质性研究方法，扎根理论通过对文本资料进行自下而上的归纳式的概括，凝练概念与概念间的联系，完成理论构建。这种方法扎根于文本数据，经过开放式编码、主轴式编码、选择性编码三个过程，抽象出概念、范畴和核心类属，通过理论饱和性检验之后，挖掘新理论体系。扎根理论不设定假设性结论，而是从经验事实中发现新的概念和思想。基于此，扎根于丰富的旅游在线评论资料和游后评价的具体情境，自下而上的探索发现过程，可以凝练出旅游网络关注的结构维度和理论体系。

第二节　图片数据

一、图片数据概述

旅游图片数据是旅游领域重要的信息资源，它们记录了旅游目的地的风景、文化、活动以及游客的体验。这些图片数据可以通过多种渠道获得，包括专业摄影师的作品、游客分享的照片、旅游网站和社交媒体上的图片等。根据发布者的身份可以将图片大数据分为 UGC（User Generated Content，用户生成内容）数据和 PGC（Professionally Generated Content，专业生产内容）数据。UGC 图片由游客拍摄发布在旅游游记平台、OTA 平台、社交平台中，数据量庞大，但是专业性有限。PGC 数据一般由旅游企业经营主体或者文旅主管部门拍摄并发布在官方账号中，图片数量有限，但图片内容丰富专业。

旅游图片数据具有极高的价值。它们可以直观地展示旅游目的地的美丽风光和独特文化，吸引潜在游客的注意。通过对这些图片数据的分析，可以了解游客的兴趣偏好、行为模式以及旅游市场的趋势和变化。例如，通过分析游客分享的照片，可以了解他们最喜欢的景点、活动以及旅游方式，从而为旅游产品的开发和营销策略的制定提供有力支持。旅游图片数据还可以用于旅游目的地的推广和宣传。通过精心挑选和编辑的图片，可以制作出精美的旅游宣传册、海报和视频等，吸引更多的游客前来游览。同时，这些图片数据也可以用于社交媒体营销，通过分享和传播，提高旅游目的地的知名度和影响力。

二、图片数据分析方法与工具

旅游图片大数据的分析方法多种多样，这些方法能够深入挖掘图片中的信息，从而帮助旅游行业更好地理解市场需求、游客行为以及旅游目的地的特征。

（一）图像识别技术

利用深度学习等算法对图片进行自动识别和分类。这种技术可以识别出图片中的景点、建筑、动植物、人物等，进而分析拍摄图片的季节、角度以及呈现出的游客喜好和行为。通过大量图片的识别，可以分析出哪些景点或活动更受欢迎、哪些时间段游客较多、大部分游客的游览路径等。

进行图片识别的工具主要有以下几个。

1. 易康

易康是德国 Trimble 公司旗下的遥感数据分析软件，该软件以面向对象的影像分析实现对真实的物的分类，可以对旅游图片进行准确的分割。

2.DeepLab v3+ 模型

DeepLab v3+ 模型于 2018 年发布，是一个复杂的深度学习模型，结合了编码器和解码器两个部分，以实现高效的图像分割。

3.MXNet

MXNet 是一种深度学习框架，由卡内基梅隆大学和华盛顿大学的研究人员合作开发。它是一个功能齐全、可编程、可扩展的框架，支持最先进的深度学习模式。研究者在MXNet 平台中可直接调用数据集和预训练模型来实现旅游照片的识别。

（二）情感分析

通过对图片中的色彩、构图、表情等元素进行分析，可以推断出游客的情感倾向，如积极评价、消极评价、中性评价，判断游客拍照时的情绪状态，如喜悦、惊叹、失望、烦躁等。这种情感分析有助于了解游客对旅游目的地的满意度和期待，从而改进旅游产品和服务。

进行图片情感分析的工具主要有以下几个。

1.Google Cloud Vision

这是谷歌提供的一款强大的图像分析工具，能够识别图像中的对象、文字和情感。它使用机器学习技术来分析图像，并提取关于图像内容的详细信息，包括情感标签。

2.Microsoft Azure Computer Vision

微软 Azure 提供的计算机视觉服务也可以用于图片情感分析。它能够分析图像并返回关于图像内容的描述，包括情感倾向。

3.IBM Watson Visual Recognition

这是一个强大的图片分析工具，它使用深度学习技术来识别图像中的对象、场景和情感，并提供有关这些内容的详细信息。

4.Clarifai

这是一个功能丰富的图像识别平台，能够识别图像中的对象、场景、颜色和情感。它使用深度学习算法来分析图像，并提供有关图像内容的详细描述。

（三）空间分析

GIS（地理信息系统）技术可以对图片中的地理位置信息进行提取和分析。这种方法可以揭示游客的活动轨迹、聚集区域和旅游目的地的空间分布特征。通过空间分析，可以优化旅游线路设计，提高旅游资源的利用效率。

进行图片空间分析的工具主要有以下几个：

1.ArcGIS

ArcGIS 是 Esri 公司开发的一款强大的地理信息系统软件。它能够对图片进行地理编码，识别图片中的地理特征，并进行空间分析和可视化展示。ArcGIS 支持多种数据格式，包括栅格图像和矢量数据，可用于地理空间数据的处理、管理和分析。

2.GeoServer

GeoServer 是一个开源的地理空间服务器，可以发布和共享地理空间数据。它支持多种地理空间数据格式，包括图片格式，如 GeoTIFF。通过 GeoServer，用户可以对图片进行地理空间分析，如空间查询、叠加分析和地图渲染等。

3.QGIS

QGIS 是一款开源的地理信息系统软件，与 ArcGIS 类似，但更加轻量级和易于使用。它提供地理空间数据的编辑、可视化和分析功能，包括对图片进行地理空间处理的能力。用户可以通过 QGIS 加载和分析带有地理坐标的图片数据。

4.ENVI

ENVI 是一款专业的遥感图像处理软件，提供了地理空间分析功能。它能够对图像进行预处理、分类、特征提取等操作，并支持地理坐标系统的集成。

（四）时间序列分析

对不同时间段的旅游图片数据进行比较和分析，可以揭示旅游活动的季节性、周期性以及趋势变化。这种分析有助于旅游行业制定针对性的营销策略和应急预案。

进行图片时间序列分析的工具主要有以下几个：

1.EXCEL

可以使用 EXCEL 软件对图片的时间标签进行简单的排序、筛选、统计，了解不同季节、节假日、月份、年份等时间周期分布情况。

2.OpenCV

OpenCV（开源计算机视觉库）是一个强大的计算机视觉库，可用于时间序列图像分析。它提供了大量的图像处理和计算机视觉算法，包括特征提取、目标跟踪、运动分析等。通过 OpenCV，用户可以加载时间序列图像，应用各种算法来提取有用信息，并进行分析。

3.Python 库

Python 有多种库可以用于时间序列图像分析，如 NumPy、Pandas、Matplotlib 和 SciPy 等。这些库提供了数据处理、可视化、统计分析等功能，可以帮助用户处理和分析时间序列图像数据。

（五）社交网络分析

通过分析游客在社交媒体上分享的旅游图片，可以了解游客之间的社交关系、信息传播路径以及旅游话题的热门程度。这种分析有助于发现潜在的旅游推广渠道和合作伙伴，提高旅游目的地的知名度和影响力。可以使用 UCINET、Gephi、NetMiner、ORA Pro、Pajek 等进行社会网络分析。

第三节　视频数据

一、视频数据概述

旅游视频大数据是旅游大数据的重要组成部分，主要涉及旅游景点、游客行为、旅游活动等方面的视频数据。这些视频数据不仅具有直观、生动的特点，而且能够提供丰富的信息，有助于旅游企业和相关部门更好地了解旅游市场的动态和游客的需求。

首先，旅游视频大数据可以用于旅游景点的实时监控和管理。通过安装监控摄像头，可以实时捕捉景点的画面，了解游客的分布情况、人流密度等信息，这有助于及时发现安全隐患，预防游客安全事故的发生。同时，还可以根据视频数据对游客的行为进行分析，发现游客的兴趣点和偏好，为旅游产品的优化提供数据支持。

其次，旅游视频大数据可以用于旅游营销和宣传。通过制作精美的旅游宣传视频，可以吸引更多游客的关注和兴趣。这些视频可以通过社交媒体、旅游网络平台等各种渠道进行传播，提高旅游目的地的知名度和影响力。同时，通过对用户发布的视频数据进行分析，还可以了解游客的反馈和意见，及时调整旅游产品和服务，提升游客的满意度。

最后，旅游视频大数据可以与其他类型的旅游大数据进行结合，形成更为全面和深入的分析。例如，可以将视频数据与游客的消费数据、行为数据等进行关联分析，挖掘出更多有价值的信息。这些信息有助于制定更为精准的营销策略、优化旅游线路规划、提升旅游服务质量等。

二、视频数据分析方法与工具

（一）分析方法

内容分析法。对视频内容进行逐帧分析，提取关键信息，如游客行为、景点特色等。这种方法通常需要对视频进行预处理，如裁剪、增强等，以便更好地提取和分析内容。

行为分析法。通过跟踪和分析视频中游客的行为，了解游客的兴趣、偏好和旅游习惯。有助于旅游企业更精准地把握市场需求，优化旅游产品和服务。

情感分析法。利用自然语言处理或计算机视觉等技术，分析视频中的情感状态，如游客的面部表情、声音等，以了解游客对旅游景点的满意度和感受。

（二）分析工具

首先是视频处理软件，如 Adobe Premiere、Final Cut Pro 等，用于对旅游视频进行剪辑、特效处理等操作，为分析提供高质量的素材。

其次是计算机视觉工具，如 OpenCV 等，用于对视频进行图像识别、目标跟踪等任务，提取出有用的信息用于分析。

再次是大数据分析平台，如 Hadoop、Spark 等，可以处理海量的视频数据，进行数据挖掘和统计分析，并发现数据间的关联和趋势。

最后是自然语言处理工具，如 NLTK、TensorFlow 等，用于对视频中的语音或文本信息进行情感分析、关键词提取等操作。

第四节　设备数据

一、设备数据概述

旅游大数据中的设备数据主要是指与旅游活动相关的各种设备所产生的数据。这些数据可以来源于游客的手机或者各种可穿戴设备收集的数据，主要有以下几种。

GPS 定位数据。通过 GPS 设备收集游客的移动轨迹、位置信息等数据，有助于了解游客的行程安排、兴趣点分布以及热门景点等。

手机信令数据。通过分析手机信号的变化，可以获取游客的通信行为、活动范围等信息，对于研究游客行为模式、流量分布等具有重要意义。

传感器数据。各类传感器设备，如温度、湿度、光照等环境传感器，以及人流、车流等交通传感器，可以实时监测并收集与旅游环境、交通状况等相关的数据。

这些设备数据在旅游大数据中扮演着重要的角色。它们不仅提供了关于旅游活动和游客行为的详细信息，还为旅游行业的决策制定、产品优化和市场推广提供了有力支持。通过对这些数据的深入分析和挖掘，可以揭示游客的需求、偏好和行为模式，从而制定更加精准的市场策略和产品方案。此外，设备数据还可以与其他类型的数据进行融合和交叉分析，如与游客的消费数据、社交数据等进行关联，以获取更全面的游客画像和行为分析。这种多源数据的融合分析有助于提升旅游大数据的应用价值和效果。

二、设备数据分析方法

基于设备所产生的定位数据、手机信令数据、传感器数据，本质上都是游客在不同尺度上的位置数据。根据位置变化判断游客游览路径、游览偏好、停留时间等信息，并提供景区导览服务、出入境数据统计、应急救援服务等，而且可以对旅游线路、旅游大巴车等营运对象进行监管等。

空间分析的指标主要有以下几个。

（一）最近邻分析

最近邻分析是一种常见的点模式分析方法，又称平均最近邻距离法。首先测量每个要素的质心与其最近邻要素的质心之间的距离，然后计算所有最近邻距离的平均值。如果平均最近邻值小于随机分布要素中的平均距离，就认为要素是聚集分布的；如果平均最近邻值大于随机分布要素中的平均距离，则认为要素是分散分布的。计算公式如下：

$$r_E = \frac{1}{2\sqrt{\dfrac{n}{A}}} = \frac{1}{2\sqrt{D}} \qquad (2-1)$$

$$R = \frac{r_i}{r_E} \qquad (2-2)$$

公式（2-1）（2-2）中，r_E 表示理论最近邻距离，A 表示所研究区域的面积，n 表示测算点数，D 表示点密度。最近邻点数 R 表示实际最近邻距离与理论最近邻距离之比，计算方法如公式（2-2）所示。$R=1$，平均最近邻距离等于随机分布模式下的最近邻距离，说明点呈现随机分布；$R>1$，平均最近邻距离大于随机分布模式下的最近邻距离，说明点趋向均匀分布；当 $R=2.149$ 时，完美分散；当 $R<1$ 时，平均最近邻距离小于随机分布模式下的最近邻距离，说明点趋向集聚分布；当 $R=0$ 时，呈现完全集中。

（二）基尼系数

基尼系数原是用来衡量收入分配公平程度的指标，现引入地理学中，成为描述离散区域空间分布的重要方法，其计算公式如下：

$$GiNi = \frac{\sum_{i=1}^{N} P_i \ln P_i}{\ln N} \qquad (2-3)$$

其中，$GiNi$ 表示基尼系数值，P_i 表示第 i 个位置的数量占总体位置数量的比重，N 表示总体位置数量，$\ln$ 表示自然对数函数。理论上，基尼系数是介于 0 到 1 之间的数值，基尼系数越大，集聚度越高，即空间分布不均衡性越大，基尼系数分为 3 个等级：0 ~ 0.33 为 3 级，0.34 ~ 0.66 为 2 级，0.67 ~ 1 为 1 级。基尼系数介于第一等级时，表示集聚度较高，而基尼系数介于第三等级时表示空间分布较为分散。

（三）核密度分析和标准差椭圆方向分布

核密度分析法是基于数据密度函数的聚类算法，随着与要素距离的增加，被赋予的权重逐渐降低，最终生成连续的密度表面，可以直观地反映出要素的空间集聚特征。标准差椭圆分析法是定量描述要素在空间分布特征的统计方法，其主要参数有中心、长轴、短轴和方位角。标准差椭圆的中心表示要素空间分布的均衡中心，长轴与短轴的方向和长度分别指要素在空间分布中的主次趋势方向以及在该方向上的离散程度，方位角表明要素在空间范围内的分布趋势。计算公式如下：

$$K(x) = \frac{1}{nd} \sum_{=1}^{n} a\left(\frac{x - X_i}{d}\right) \qquad (2-4)$$

$K(x)$ 表示 x 处的核密度公式，n 表示事件点的数量，d 为带宽（$d>0$），a 为核函数，x 表示估计点位置，X_i 表示事件点位置，$x-X_i$ 为估计点到事件点 X_i 的距离。

第五节　事务数据

一、事务数据概述

与源自"人"的 UGC 数据以及源自"机器"的设备数据不同，事务数据是指"人"与"机器"在交互过程中所产生的数据。用户通过搜索引擎搜索想要获得的信息，会产生搜索数据，例如百度指数、阿里指数、微指数、谷歌趋势；用户通过OTA 等平台下订单，会产生订单数据；用户在浏览各种网页的过程中，会产生网页浏览行为数据。搜索数据、订单数据和网页浏览行为数据是典型的几种事务型数据，其在消费预测、游客画像、产品偏好等领域具有较高的研究与应用价值。

二、事务数据分析内容

（一）产品偏好

订单数据可以直观反映游客的消费倾向。倾向于选择什么类型的目的地、不同酒店的价格区间以及哪种产品类型更受消费者喜欢等议题，都可以通过旅游企业的订单数据或者OTA 的交易数据得到精准答案，但受限于商业机密和个人消费数据的隐私问题，订单数据获取不易。游客在正式出游之前会进行信息搜索和产品的浏览，此类事务数据可以让旅游企业客观地看到消费者的浏览时长、搜索平台的偏好，用以计算浏览行为的转化率，精准选择营销的投送平台和广告投放方式。

（二）用户画像分析

用户画像分析是一种深入理解和描述目标用户群体的方法，它基于收集和分析用户数据来构建出具体的用户形象。这种分析有助于企业更精准地把握用户需求，优化产品设计和营销策略，提升用户体验，进而实现商业目标。

用户画像通常包含用户的基本信息、行为特征、兴趣爱好、需求偏好等多个维度。通过附着在搜索行为、订单数据上的消费者标签可以让企业进行画像分析，掌握自身客户群体的特征，如注册信息、浏览记录、购买记录、社交互动等，这样，可以构建出丰富的用户画像。在用户画像分析过程中，需要运用一系列的数据分析技术和工具。例如，可以通过数据挖掘技术发现用户数据中的潜在规律、利用聚类算法将用户划分为不同的群体、通过关联规则计算发现用户行为和兴趣之间的关联等。

（三）趋势预测

通过对搜索数据的分析，可以了解潜在游客的出游计划，分析其在时间和空间两个维度的规律，有助于提高旅游目的地和旅游企业的接待服务水平。此外，将搜索数据与订单数据、目的地的访问数据相结合进行相关性分析，对于出游人次的数据预测、规律探索等有重要意义。

第三章　旅游大数据的应用

第一节　文旅管理

旅游大数据在文化和旅游管理方面的应用主要体现在以下几个方面。

优化旅游行业管理体系。旅游企业可以通过大数据分析,深入了解顾客的喜好和需求,为游客提供有针对性的产品和服务。同时,企业还可以根据数据分析发现自身的不足之处,及时改进,从而全面提升服务质量。

促进企业发展与转型。大数据的引入使旅游行业得以从传统模式中脱颖而出,实现成功转型。通过对大数据的分析对比,企业可以了解哪些类型的景区和景点更受游客喜爱,从而更新个性化服务策略,增强营销推广能力,推动可视化数据服务的快速发展。

提升旅游决策的科学性。旅游管理部门可以利用大数据进行决策制定,确保决策基于真实有效的信息。这有助于企业更好地适应市场发展,提升竞争力。

强化旅游管理能力。大数据为旅游管理部门提供了新的管理途径,使其能够用数据说话、用数据决策、用数据管理,提高管理效率和水平。

案例 3-1　杭州文化和旅游数据在线

　　杭州文化和旅游数据在线平台是由杭州市文化广电旅游局主管，第一财经·新一线城市研究所承办，脉策数据提供数据治理，与浩华管理顾问公司合作共同构建的文旅数据服务平台。数据作为"城市大脑"在旅游领域发挥重要作用，该平台通过实时收集和分析旅游数据，为政府提供决策支持，为企业提供市场洞察，为游客提供个性化服务。

　　平台包括多个板块，"首页"板块中将实时对文旅相关数据进行可视化呈现。

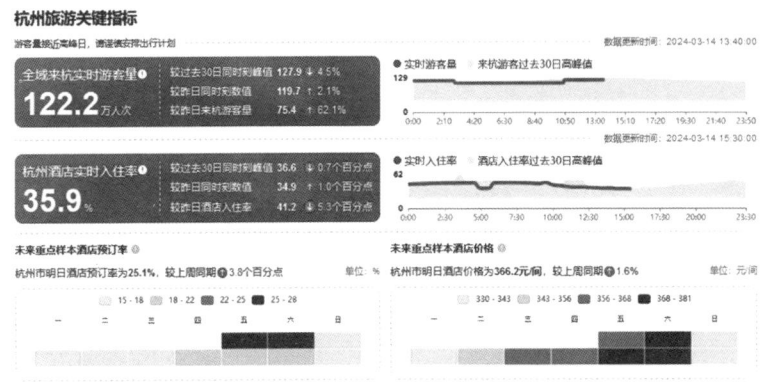

图 3-1　杭州文化和旅游数据在线"首页"板块

　　"文旅数据库"板块中可以查阅实时旅游数据、历年统计数据、区县统计数据、假期旅游数据、基础旅游信息等。

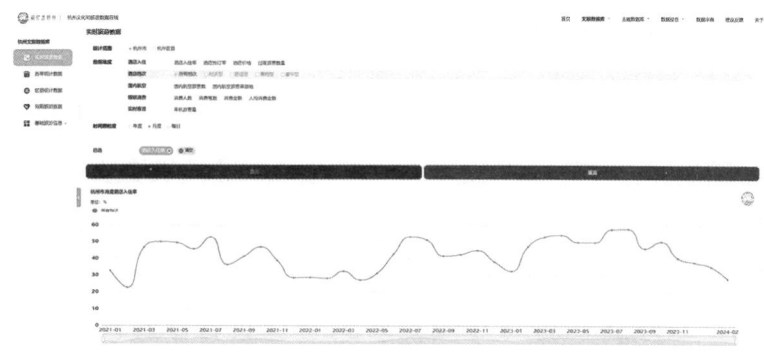

图 3-2　杭州文化和旅游数据在线"文旅数据库"板块

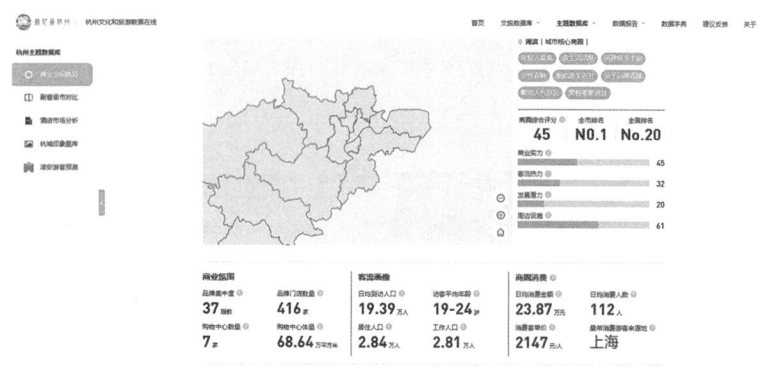

图 3-3　杭州文化和旅游数据在线"主题数据库"板块

"主题数据库"板块中包括商业空间格局、副省级市对比、酒店市场分析、杭城印象图库、淳安游客预测五项内容，提供全面的市场信息，为文旅商业投资提供重要参考数据。除此之外，平台还提供了自 2017 年以来的年度杭州市文化旅游大数据报告。

第二节　旅游服务

旅游大数据在旅游服务方面的应用非常广泛且深入，它极大地提升了旅游服务的个性化和精准性，为游客提供了更为便捷和舒适的旅游体验。以下是一些旅游服务主要的应用领域。

一、游客信息化服务

基于大数据技术，可以研发旅游目的地导游系统，提供个性化的情景推荐。例如，通过分析游客的历史行为和偏好，可以为游客推荐符合其兴趣和需求的景点、餐饮和娱乐活动。

案例 3-2　长隆旅游集团信息化服务

图 3-4 长隆旅游集团信息服务平台

长隆旅游集团的微信公众号、小程序和 APP 可以为游客提供智慧化的信息服务，例如景区导览、游览项目排队时间提醒、园区内餐饮、娱乐项目、线路的预约和订购等。

二、景区游览足迹服务

通过分析游客在景区内的行为数据，如停留时间、聚集位置等，可以绘制出景区热力图。这不仅有助于景区管理者了解游客的游览习惯和喜好，还可以为旺季时的疏流工作提供重要依据，从而避免拥挤和踩踏事故的发生。

案例 3-3　良渚古城遗址公园热成像系统

2020 年 9 月，良渚古城遗址公园正式启用了"智慧大脑"系统。在良渚古城遗址公园南入口访客中心处，一个大屏作为"智慧大脑"的数据可视化屏幕挂在最显眼的位置，大屏幕上显示的是极具科技感的访客人数热力图，图上颜色越红的地方表示游客越多。游客进入园区前，可以通过查看热力图，大致判断公园内部情况。通过"智慧大脑"，公园管理人员就能了解到园区内访客实时人数、访客密集地区、观光车分布位置及电量情况等。根据人流密集情况，良渚古城遗址公园工作人员会实时调度观光车和讲解人员，以便进行实时支援。

在大屏幕右侧，实时更新观光车数据，包括观光车客流趋势、拥挤站点等信息。通过这组数据，一方面，游客可以提前预判自己的参访行程，尽可能地避开人流密集点位；另一方面，观光车调度工作也增加了不少灵活度。地图上还会显示出公园内所有正在运营的观光车的具体位置以及剩余电量。一旦观光车剩余电量低于25%，系统则会发短信到公园的两位观光车调度经理手机上进行提示。在智慧导览方面，系统还会根据公园内实时人流量，为访客规划游览路线，尽可能避开人流密集点位；还会为访客推送整个良渚风情旅游路线上"吃喝玩乐"的点位。

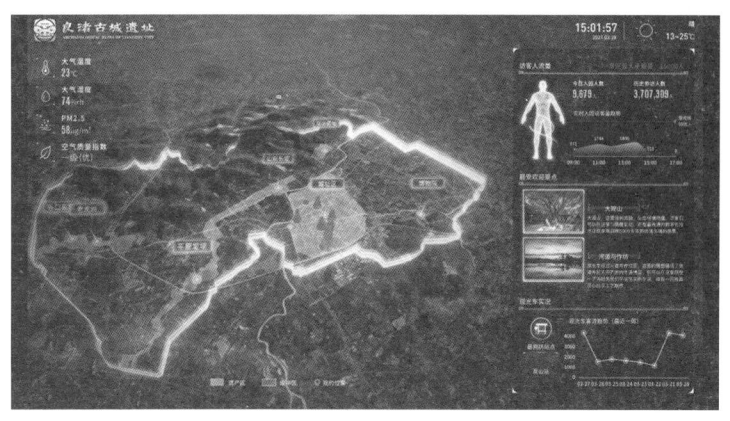

图 3-5 良渚古城遗址公园热成像系统

三、旅游个性化服务

大数据可以帮助旅游服务提供者了解游客的内在需求，从而设计更为个性化的旅游体验。例如，根据游客的兴趣和偏好，可以定制专属的旅游线路和活动，提供独特的旅游体验。当前旅行社不再局限于既定线路的揽客和发团业务，纷纷开展定制旅游业务，利用大量的消费数据和游客访问数据，为游客模块化定制旅游线路。

图 3-6　中青旅遨
游网旅游定制服务

图 3-7　康辉旅行
社旅游定制服务

四、旅游分享服务

游客在旅游结束后，可以通过移动端应用分享自己的旅游体验，同时利用大数据平台进行旅游评价。这些分享和评价数据可以为其他游客提供可靠的参考，帮助他们做出更好的旅游决策。携程、飞猪、美团点评等 OTA 平台中有丰富的旅游产品评价信息，用户可以参考这些信息进行出游消费决策，商家可以参考这些信息进行产品升级和业务改造。在马蜂窝、穷游等游记分享平台以及小红书、微博、微信等社交平台中，游客可以发布与旅游相关的文字、图片和视频，这为游客分享旅游快乐提供了便利。

总体来说，旅游大数据在旅游服务方面的应用，使得旅游服务更为精准、个性化和高效，也为游客提供了更好的旅游体验。随着技术的不断发展，旅游大数据的应用前景将更加广阔。

第三节　智慧营销

首先，旅游大数据可以实现目标群体的精准定位。通过对大量游客数据的挖掘和分析，企业能够更深入地了解游客的行为和偏好，掌握游客画像数据。这些数据不仅可以帮助企业了解游客的当前需求，还可以预测其未来的需求和趋势。基于这些精准的用户画像，企业可以制定更为精准的营销策略，向游客推送符合其兴趣和需求的旅游产品和服务，实现真正的"投其所好"。

其次，旅游大数据可以拓宽营销渠道并提高营销效果。通过利用大数据平台的广告投放功能，企业可以精准地识别目标人群，并在主流移动端媒体平台和旅游 APP 广告位进行精准投放。此外，通过对点击过广告的用户进行标记和重定向，企业可以进一步提高广告的曝光率和点击率，从而提升营销效果。

再次，旅游大数据可以帮助企业优化营销策略。通过对不同地域、不同媒体平台的投放效果进行数据分析，企业可以调整投放策略，将更多的资源投入到效果更好的地域和媒体平台，从而提高营销效率。

最后，旅游大数据还可以为企业提供市场洞察和竞争分析。通过对大数据的挖掘和分析，企业可以了解旅游市场的构成、细分市场特征、消费者需求和竞争者状况等众多因素，从而为企业制定市场战略和竞争策略提供有力支持。

综上所述，旅游大数据在智慧营销方面的应用具有巨大的潜力和价值。它不仅可以帮助企业实现精准营销，提高营销效果，还可以为企业提供市场洞察和竞争分析，推动企业不断创新和发展。

第四章　旅游大数据伦理

第一节　信息安全

案例 4-1　万豪酒店数据泄露门

2018 年 11 月 19 日，万豪国际集团调查发现，9 月 10 日及之前喜达屋旗下酒店预订数据库中宾客信息曾在未经授权的情况下被访问。据集团内部的调查发现，自 2014 年以来，攻击者一直都能够访问该集团喜达屋部门的客户预订数据库。

2018 年 11 月 30 日，万豪国际集团官方微博发布声明称，喜达屋旗下酒店的客房预订数据库被黑客入侵，在 2018 年 9 月 10 日和之前曾在该酒店预订的最多约 5 亿名客人的信息或被泄露。这 5 亿人中，有大约 3.27 亿人的信息包括姓名、邮寄地址、电话号码、电子邮件地址、护照号码、账户信息、出生日期、性别以及到达和离开酒店的信息已被泄露。万豪方面还补充，可能泄露的还包括加密的信用卡信息，且不能排除加密密匙同时被盗的可能性。2018 年 11 月 30 日，消息公布后，万豪国际酒店股价一度下跌逾 5%。

案例 4-2　李先生与女友信息泄露案

2022 年 4 月 20 日，李先生和女友来奉化某酒店住宿，女友随后收到陌生人微信好友申请。通过验证后，发现该陌生人为酒店一名男性员工。据李先生称，该员工见其女友长得漂亮，通过前台住宿登记信息，查找到其女友的手机号码。投诉人认为酒店管理不当导致顾客信息泄露，要求酒店妥善处理此事未果，遂向宁波奉化市场监管局投诉。该局立即调查该涉事酒店。经查，投诉反映情况属实，酒店承认引发本次消费纠纷系内部管理制度不严所致。经调解，双方达成一致，酒店退还李先生房费款 299 元，再给予 500 元的精神损害赔偿。同时，执法人员责令酒店改正消费者个人信息保护上存在的漏洞，酒店对该员工也作出了内部处分。

案例点评：信息安全对于消费者满意度、市场信心、消费者对品牌的认知有重要影响，国际知名管理品牌的酒店或是单体酒店都应将客户信息作为重要战略资产进行管理和利用，将保护客户信息安全与客户人身财产安全放到同等重要的地位。

总的来说，个人信息安全在大数据时代面临着前所未有的挑战和机遇。随着大数据技术的快速发展，个人信息的收集、存储、分析和利用变得更加便捷和高效，但同时也带来了更大的安全风险。

一、个人信息安全的概念

个人信息是指以任何形式存在的、与公民个人存在关联并可以识别特定个人的信息，其外延十分广泛，包括个人基本信息（如姓名、性别、年龄、身份证号码、电话号码、邮箱地址及家庭住址等）、健康状况、教育经历、职业背景、家庭状况、财务状况、社交活动等，更重要的是个人商业行为的记录信息，例如网络购物订单信息、移动支付信息、网络页面的浏览信息、移动设备的定位数据信息等。

个人信息安全的概念涉及保护个人身份、财务状况、私人通信、个人生活等方面的信息，确保这些信息不受未授权的访问、获取、使用、披露或损坏。具体来说，它是指以法律法规、行业规范及技术标准为参照，采取有效安全保护措施，保障用户个人信息安全的一种能力和状态。

二、个人信息泄露

个人信息泄露是指个人身份、联系方式、住址、账号密码、财产状况等敏感信息被未经授权的第三方获取或公开的情况。这种泄露可能源于多种途径，包括但不限于网络攻击、数据泄露、诈骗行为、恶意软件、内部人员不当行为等。

个人信息泄露带来的风险是多方面的。首先，泄露的敏感信息可能被用于身份盗窃，犯罪分子可能冒充受害者进行非法活动，如开设银行账户、申请贷款等。其次，泄露的联系方式可能被用于电信诈骗、垃圾邮件和推销电话的骚扰。此外，账号密码的泄露可能导致个人网络账户被非法访问，进而造成财产损失或隐私泄露。

三、保障个人信息安全的措施

在大数据时代，为了保障个人信息安全，需要采取一系列有效的措施。

首先，加强法律法规的制定和执行是关键。政府应制定完善的个人信息保护法律法规，明确个人信息收集、使用、存储和传输的规范，并加大对违法行为的处罚力度。同时，相关部门也应加大监管和执法力度，确保个人信息安全法律法规得到有效执行。

其次，企业和组织在收集和使用个人信息时，应遵循合法、正当、必要的原则，确保信息的准确性和安全性。同时，应加强内部管理和培训，提高员工对个人信息保护的意识和能力，防止内部泄露和滥用行为的发生。

再次，个人用户也应提高个人信息保护意识，注意保护自己的隐私和数据安全。例如，谨慎使用社交媒体和公共Wi-Fi，定期更换密码和检查账户安全，避免在不可信的平台或应用中泄露个人信息等。

最后，随着大数据和人工智能技术的不断发展，可以利用这些技术来加强个人信息安全的保护。例如，通过数据加密、匿名化处理等手段来保护个人信息的机密性和完整性；通过智能分析和监控来及时发现和应对潜在的安全风险；通过建设个人信息保护平台来提供一站式的个人信息安全管理服务。

总之，个人信息安全在大数据时代既面临着挑战也蕴含着机遇。通过加强法律法规制定和执行、企业和组织自律、个人用户提高保护意识以及技术创新和应用等多种手段的综合施策，可以有效地保障个人信息的安全和隐私权益。

第二节　数据权力

一、数据权力的概念

数据权力是一个复杂且多维的概念，它涉及个人、组织和国家等多个数据主体在数据的采集、使用、共享和保护等方面的权力和责任。

从个人层面来看，数据权力主要体现在个人对其数据的自决权和自我控制权，即个人数据权利。这包括个人数据的所有权、控制权、访问权、更正权、删除权、限制处理权、数据可携权等，旨在保护个人隐私和数据安全，防止个人信息被滥用。

从组织层面来看，数据权力涉及数据采集、使用、共享和保护等方面的权利和责任。企业和其他组织需要合法、正当地处理个人数据，确保数据的安全和合规使用。

在国家层面，数据权力体现在数据主权的概念中。数据主权是一个国家对本国数据行使最高权力的体现，包括数据的管辖权、控制权和使用权等。它旨在保护国家的数据安全，防止数据泄露和被外国利用。

在大数据时代，数据权力的概念和实践正在不断发展和完善，以更好地平衡各方利益，促进数据的合理利用和保护。

二、数据权力的主体

数据权力的主体可以是个人、组织或政府。个人拥有关于自己的数据权力，可以决定如何分享和使用这些数据。组织，尤其是那些掌握大量数据的公司，可以利用数据获得经济利益或相应对价，并可能通过数据控制来影响市场行为。政府则拥有对数据的管理和控制权，以维护国家安全和社会秩序。

三、隐形的数据权力

一些具有数据统治权力的拥有者，如网络公司的建构者或转换者、互联网运营商等，可以通过处理数据来隐形地施加其意愿于受众，从而在无形中塑造社会认同和影响个体行为。这种权力可能被用于各种目的，包括商业利益、社会控制、价值引导。

四、数据权力的监管

随着数据权力的增长，滥用和侵犯个人隐私的风险也在增加。因此，对数据权力的监管变得尤为重要。政府和相关机构需要制定和执行严格的法律法规，以确保数据的合法、公正和透明使用，同时保护个人隐私和权益。

五、数据权力的保障

保障数据权力的安全是一个多层次的任务，涉及技术、管理、法律等多个方面。以下是一些关键措施，旨在确保数据权力的安全。

（一）技术层面的保障

数据加密：使用先进的加密算法对敏感数据进行加密，确保即使数据被非法获取，也无法轻易解读其内容。

访问控制：通过身份验证、权限管理等手段，限制对数据的访问和操作，确保只有授权人员才能访问敏感数据。

数据备份与恢复：定期备份数据，并建立完善的恢复机制，以防数据丢失或损坏。

（二）管理层面的措施

建立完善的数据安全管理制度：明确数据安全责任人和管理机构，制定详细的数据安全操作流程和规范。

加强员工安全意识培训：定期开展数据安全教育和培训，以提高员工对数据安全的认识和重视程度。

实施严格的审计和监控：对数据的使用、传输、存储等过程进行审计和监控，及时发现和应对潜在的安全风险。

（三）法律层面的保障

制定和完善相关法律法规：明确数据权力的范围、使用限制和法律责任，为数据安全提供法律保障。

加大执法力度：对违反数据安全法律法规的行为进行严厉打击，维护数据权力的安全和稳定。

（四）流通过程中的保障

此外，还需要关注数据权力在流通和共享过程中的安全问题。在数据交换和共享时，应确保数据的完整性和真实性，防止数据被篡改或伪造。同时，应建立数据流通的安全机制，如使用安全的数据交换协议、建立数据共享平台等，确保数据在流通过程中的安全可控。

综上所述，保证数据权力的安全需要综合考虑技术、管理和法律等多个方面。通过采取有效的措施和手段，可以确保数据权力的安全，从而维护个人、组织和国家的利益。

第三节　信息茧房

案例 4-3　遭遇"大数据杀熟"的消费者

2020 年 7 月，胡女士在某 APP 上预订了舟山 X 酒店一间豪华湖景大床房，价格为 2889 元。胡女士是某 APP 老用户，在此之前累计通过该 APP 订房 30 多单，消费逾 10 万元，平均每单近 4000 元。胡女士退房时，让酒店工作人员开发票，对方只按照 1377.63 元开了票。

胡女士当即致电某 APP 客服，客服称房间是 X 酒店向某 APP 供应商提供的，原价为 1621 元，提前预订打八五折，故实际支付给酒店的房价为 1377.63 元，某 APP 愿意按原价 1621 元收取胡女士费用，退款 1268 元。随后，某 APP 退款 1268 元。胡女士不满意，起诉了某 APP，要求退一赔三，登报赔礼道歉等。庭审中，胡女士自愿只要求赔偿差额房费的三倍 4534.11 元。

案件审理过程中某 APP 称，胡女士在该 APP 上是通过代理商渠道预订房间，而非某 APP 直采房型，提价销售的是代理商 J 公司。按照某 APP 的说法，J 公司采购了酒店房间后，在某 APP 上自行加价销售，J 公司和酒店自行结算，某 APP 没有理由干预代理商的自主定价行为，自身无责任和过错，也没有获取不合理利益。

二审法院查明了代理商 J 公司加价销售的操作手法。J 公司员工帅某提前三天，通过化名王某先行预订了房间，但未付费。帅某发现某 APP 上 X 酒店的某 APP 直采房型已销售完毕后，通过 J 公司的某 APP 代理商后台，将房间价格定为 2600 元，该价格在附加某 APP 收取的 10% 服务费等费用后，展示在某 APP 上的价格为 2889 元。胡女士通过 APP 下单付款后，帅某联系酒店，将入住房客的名字由自己变更为胡女士，并支付了酒店费用。

二审法院认定，某 APP 上存在第三方代理商预先零费用囤房、择机翻倍加价的"倒房"行为。某 APP 提交的酒店客房订单，反映出遭遇"翻倍加价"的某 APP 用户并非只有胡女士是个例。根据某 APP 提交的该 APP 用户在 2020 年 7 月 17 日至 8 月 17 日入住舟山 X 酒店豪华湖景大床房的 142 笔订单信息（含取消未实际执行订单，含直采订单、供应商订单和其他渠道订单）。这些订单，最高单价即为胡女士的 2889 元。但胡女士订房当日还有两笔单价较高的订单，价格分别为 2756 元和 2667 元，渠道也是某 APP 供应商。而其他订单，最低单价为 773 元，有 20 单；剩余订单单价从 776 元至 1778 元不等。

法院发现，将同日订单相比较，价格高低与是否提前约定无关，同日入住的房价格差最大达到了 1600 多元，直采价的同日价差也达到了 400 多元，其中，单价 1400 元以上的订单，某 APP 多记录为供应商渠道，价格机制不透明。二审法院认为，某 APP 未依法告知关系订单交易的真实信息，怠于对平台内经营者进行有效监管，使胡女士基于对某 APP 的充分信赖，陷入了对交易对象和交易价格优惠的认知错误，最终做出了不真实意思表示，构成欺诈。最终，浙江绍兴市中级人民法院终审判决认定某 APP 构成消费欺诈，应退还胡女士订房差价 243.37 元，并按差额房费的三倍支付赔偿金 4534.11 元。

案例 4-4 加强平台监管，防止"大数据杀熟"

在出行软件上预订同一家酒店，不同账号价格不同：使用打车软件，"钻石会员"价格还高于新会员，且更难打到车……一直以来，"大数据杀熟"是广大群众期待整治的问题。不久前，有网友在网上分享购买机票的经历：用 3 个账号，买同一趟航班同一舱位，价格最多相差 900 多元。春节前后，人们出行增多，大数据杀熟问题再次引发热议。

……

大数据杀熟，是商家在利用消费者的信任和信息不对称套取超额利益，侵害了消费者的权益，背离了公平诚信的价值原则，也违反了相关法律规定。个人信息保护法规定，个人信息处理者利用个人信息进行自动化决策，应当保证决策的透明度和结果公平、公正，不得对个人在交易价格等交易条件上实行不合理的差别待遇。价格法、消费者权益保护法等也对大数据杀熟可能产生的价格欺诈等做出约束，对于处于市场支配地位的平台而言，大数据杀熟还涉嫌违反反垄断法。

法有禁令，为何难以杜绝？大数据杀熟行为具有一定隐蔽性，除非消费者十分警惕，否则很难发现：一些平台凭借信息优势地位，以时间地点不同价格会浮动、针对新用户有优惠等理由，为大数据杀熟的行为辩护，只想蒙混过关，不想改正；消费者的维权渠道也不够畅通，以诉讼方式维权费时费力，用户对算法决策缺少技术层面的了解，也导致举证极为困难。因此，针对大数据杀熟，要切实优化监管举措，多管齐下，改变"人人喊打又办法不多"的局面。

大数据杀熟，实质就是经营者对算法的滥用。真正解决这一问题，归根到底还是要做好对平台的监管。个人信息保护法在法律层面上对自动化决策进行了规范，但相关规定还需进一步细化。要拿出更有效的监督和约束措施，促使平台切实履责。网信、市场监管等部门应该主动作为，通过开展专项检查等方式，做好相关执法查处工作。

治理大数据杀熟事关消费者利益，必须充分发挥消费者的监督作用。要为消费者畅通投诉举报渠道，可以在各类消费平台上建立"一键维权"等机制；针对举证难问题，相关部门不妨提供一些技术支持，帮助消费者寻找证据；消费者协会等组织应做好相关知识普及，提高消费者的防范意识，并为消费者维权提供帮助。

网站平台和相关企业要想获得长远发展，形象和信誉至关重要。用户一旦发现自己被歧视对待，就会抛弃这些不良平台。诚信、平等地对待每一名消费者，将依法依规掌握的消费者信息应用在改进产品和服务上，在良性互动中实现互利共赢，才是数字时代平台企业的长远发展之道。

案例点评："大数据杀熟"的案例，本质上是企业拥有更多的数据，形成自身的信息资源优势，为顾客织造了一个信息茧房，利用"茧房"内外的信息差实施价格歧视策略，差别定价，获取更高的收益。

一、信息茧房的概念

信息茧房，也被称为"信息茧室"或"信息乌托邦"，是一个由美国学者凯斯·桑斯坦提出的概念。它描述的是在网络信息时代，人们的信息领域会习惯性地被自己的兴趣所引导，从而将自己的生活桎梏于像蚕茧一样的"茧房"中的现象。这种现象是随着新媒体，特别是网络媒体的兴起而逐渐加剧的。

具体来说，信息茧房的形成主要源于两个方面：一是个人选择，二是算法推送。在网络环境中，人们可以依据自己的喜好选择关注的话题和信息源，从而量身打造一份"我的日报"。随着大数据和人工智能技术的发展，各种网络平台也开始利用算法进行内容推送，这使得人们更容易接收到与自己观点、兴趣相符的信息，而忽略掉其他观点的信息。

二、信息茧房的危害

信息茧房的存在并非全然无害。它可能导致人们的信息视野变得狭窄，错过很多不同价值观的信息，甚至可能加剧社会中的偏见和分裂。因为当人们只接触和相信与自己观点相符的信息时，他们可能会变得更加固执己见，难以理解和接受其他观点。信息茧房的危害主要体现在以下几个方面。

首先，加剧了网络群体的极化。在信息茧房的影响下，网络群体内部成员与外部世界的交流大幅减少，群体成员的观点和看法逐渐趋同，形成同质的特征。这种同质化的趋势可能导致人们产生盲目自信、心胸狭隘等不良心理，甚至演变为极端思想和极端行为。

其次，会降低人们的交流和沟通能力。由于人们只关注与自己观点相符的信息，导致他们难以理解和接受其他观点，这大大妨碍了人们之间的交流和沟通，使得社会黏性下降，群体黏合度减弱。

再次，影响人们的思考和判断能力。长期沉浸在信息茧房中的人，由于接触到的信息相对单一和片面，可能缺乏对问题的全面、客观思考，从而影响他们的判断和决策能力。

最后，增加认知偏差和受谣言影响的风险。由于信息茧房限制了人们接触到的信息范围，可能导致人们更容易受到谣言、虚假信息的影响，增加了认知偏差的风险。

三、打破信息茧房的建议

打破信息茧房是一个需要个人、社会和技术层面共同发力的过程。以下是一些建议，有助于打破信息茧房，获取更全面、多元的信息。

（一）个人层面

培养批判性思维：学会质疑所接收到的信息，不盲目相信或传播未经证实的消息。对信息进行多角度、全方位的分析，判断其真实性和可靠性。

主动拓展信息来源：不要局限于自己熟悉的信息渠道，尝试关注不同领域、不同观点的媒体和意见领袖。通过多样化的信息来源，增加自己的知识广度和深度。

保持开放和包容的心态：尊重不同的观点和意见，愿意倾听和理解与自己不同的声音。通过交流和讨论，拓宽自己的视野和认知。

（二）社会层面

加强媒体素养教育：提高公众对媒体信息的识别、分析和评价能力，培养公众理性看待和使用媒体的习惯。

促进多元化表达：鼓励不同群体、不同观点的声音在媒体平台上得到展示和传播。通过多元化的表达，打破对信息垄断和偏见。

加强信息监管和治理：政府和相关机构应加强对信息平台的监管，防止虚假、误导性信息的传播。同时，建立健全信息举报和辟谣机制，及时纠正错误信息。

（三）技术层面

优化算法推荐系统：算法推荐系统应考虑用户的多元需求，避免过度迎合用户的兴趣偏好。同时，增加用户主动选择信息的机会，减少算法对用户信息获取的干预。

开发多元化信息获取工具：鼓励开发能够整合多种信息来源、提供多元化视角的信息获取工具。这些工具可以帮助用户更全面地了解问题，减少信息茧房的影响。

总之，打破信息茧房需要从多个方面入手，包括提高个人素养、促进社会多元表达以及优化技术工具等。只有综合施策，才能有效地打破信息壁垒，让网民生活在一个更加开放、多元的信息环境中。

第五章　基于搜索数据的网络关注度分析

一、应用目的

一是形象化了解搜索数据的来源、形式和内容，收集研究所需搜索数据。

二是学会搜索数据的分析流程，掌握相关分析软件。

三是能在时间和空间维度呈现网络关注度的分布规律。

二、应用背景

互联网的普及深刻变革了人们的旅行方式，由于使用网络的心理和经济成本较低，且互联网可以提供更加多样的信息，渠道更便捷，所以人们更倾向于在互联网上进行搜索。人们在出行前往往会在网络上通过关键词进行搜索，挑选出满意的旅游景点，制定旅游计划，完成自己的出游，网络搜索形成的关注度的时空分布特征在一定程度上体现了人们的出行规律。

目前，有关景区和客源地搜索数据的研究颇多，有从宏观角度探索搜索数据与区域经济水平、人均可支配收入、空间距离等指标的耦合关系，也有从微观角度分析搜索数据呈现的游客行为在时间空间的分布规律。国内学者对网络搜索的研究不断深入，不仅有地区搜索数据的时空分布特征研究，还有旅游文化搜索数据的时空分布特征研究。

华北地区 5A 级景区众多，旅游资源丰富，但目前聚焦华北地区 5A 级景区网络搜索的研究内容不多，因此此应用案例旨在对华北地区 5A 级景区网络搜索的时空分布特征进行研究，以期对华北地区 5A 级景区的发展提供一定的借鉴意义。

三、数据处理

（一）数据来源

百度指数是以网民在百度的搜索量为基础，以相关关键词为统计对象，通过对 PC 和移动两个终端搜索量的科学统计，记录各个关键词搜索频次的加权和。通过百度指数还可以大致了解到与搜索目的地相关的检索词以及搜索人群的地域分布。根据中华人民共和国文化和旅游部公布的数据整理显示，截至 2021 年，华北地区 5A 级景区共有 36 家，拟定选取华北地区的 36 家国家 5A 级景区进行数据的统计分析。在关键词搜索过程中发现部分国家 5A 级景区的关键词在百度指数平台中尚未收录，因此剔除了 4 个 5A 级景点，根据其搜索关键词罗列出 32 家代表景区及其百度指数关键词。

表5-1　华北地区5A级景区的百度指数搜索关键词及其所属地区

序号	省市	景区名称	搜索关键词	类型
1	北京	八达岭—慕田峪长城旅游区	八达岭长城	人文
2	北京	奥林匹克公园	奥林匹克公园	人文
3	北京	明十三陵景区	明十三陵	人文
4	北京	圆明园景区	圆明园	人文
5	北京	天坛公园	天坛	人文
6	北京	恭王府景区	恭王府	人文
7	北京	故宫博物院	故宫	人文
8	北京	颐和园景区	颐和园	人文
9	天津	天津古文化街旅游区	古文化街	人文
10	天津	盘山风景名胜区	盘山	自然
11	河北	保定市安新白洋淀风景区	白洋淀	人文
12	河北	唐山市清东陵景区	清东陵	人文
13	河北	承德避暑山庄	承德避暑山庄	人文
14	河北	保定市野三坡景区	野三坡	自然
15	河北	保定市清西陵景区	清西陵	人文
16	河北	保定市白石山景区	白石山	自然
17	河北	承德市金山岭长城景区	金山岭长城	人文
18	河北	石家庄市西柏坡景区	西柏坡	人文

续表

序号	省市	景区名称	搜索关键词	类型
19	河北	邯郸市广府古城景区	广府古城	人文
20	河北	秦皇岛市山海关景区	山海关	人文
21	河北	邯郸市娲皇宫景区	娲皇宫	人文
22	山西	大同市云冈石窟景区	云冈石窟	人文
23	山西	晋城市皇城相府生态文化旅游景区	皇城相府	人文
24	山西	临汾市云丘山景区	云丘山	自然
25	山西	临汾市洪洞大槐树寻根祭祖园区	洪洞大槐树	人文
26	山西	忻州市雁门关景区	雁门关	人文
27	山西	长治市壶关太行山大峡谷八泉峡景区	太行山大峡谷	自然
28	山西	忻州市五台山风景名胜区	五台山	人文
29	山西	晋中市介休绵山景区	绵山	自然
30	山西	晋中市平遥古城景区	平遥古城	人文
31	内蒙古	鄂尔多斯响沙湾旅游景区	响沙湾	自然
32	内蒙古	鄂尔多斯成吉思汗陵旅游区	成吉思汗陵	人文

（二）数据获取示例

以北京八达岭—慕田峪长城旅游区为例，打开百度指数站首页，以"八达岭长城"为关键词进行搜索，根据分析需要选择数据的时间段，数据分布时间为 2015 年 1 月 1 日至 2021 年 12 月 31 日，将光标移动在呈现的波浪曲线上，可逐日显示搜索指数数据。为了后续数据分析需要，可以调整数据的呈现时间，将 32 个景区的逐日、逐月、逐年数据记录。

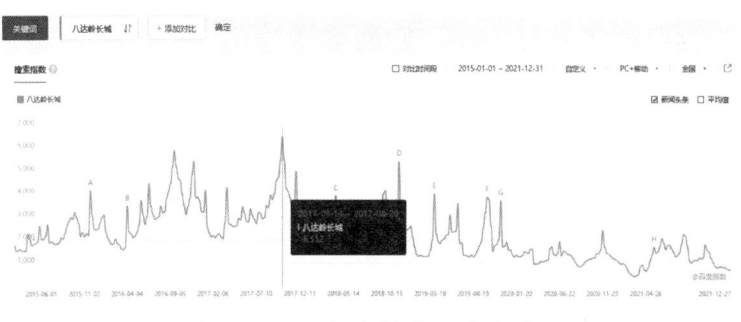

图 5-1　八达岭长城百度指数

四、分析指标

（一）季节性集中指数

季节性集中指数（R）是用来分析目的地及景区网络搜索季节变动的规律性及时间集中性，计算公式如下：

$$R = \sqrt{\frac{\sum_{i=1}^{12}(T_i - 8.33)^2}{12}} \qquad (5-1)$$

在公式（5-1）中，T_i 为每月网络搜索与该年份总值之比，R 值越接近于 0，表明网络搜索季节性差异越小；R 值越大，表明网络搜索季节性差异越大，淡旺季越明显。

（二）地理集中指数

地理集中指数（G）是用来衡量研究对象网络搜索的地理集中程度，计算公式如下：

$$G = 100 \times \sqrt{\sum_{i=1}^{n} \left(\frac{X_i}{R} \right)^2} \qquad (5-2)$$

在公式（5-2）中，X_i 为第 i 个省区市的网络搜索；R 为全国所有省区市的网络搜索总数；n 为 34 个省级行政单位总数。G 越大，网络搜索的地理空间分布越集中；反之，则越分散。

（三）赫芬达尔指数

赫芬达尔指数也是用来研究网络搜索的空间分布集中程度的一个重要指标，计算公式如下：

$$S = \sum_{i=1}^{12} p_i^2 \qquad (5-3)$$

在公式（5-3）中，P_i 是第 i 月景区旅游网络搜索占全年景区旅游网络搜索总数的比例；S 值越接近 1，说明网络搜索的空间分布越集中，景区网络搜索的空间差异越明显。

（四）首位度

本应用案例中首位度为华北地区 5A 级景区网络搜索排名前两位省级行政区的关注度的比值，计算公式如下：

$$P = \frac{P_1}{P_2} \qquad (5-4)$$

在公式（5-4）中，P_1、P_2 分别为华北地区 5A 级景区网络搜索排名前两位的省级行政区的关注度，P 值越大，表明华北地区 5A 级景区网络搜索越集中于排名第一的省级行政区，分布也越集中。

五、搜索数据的时间分布特征

（一）搜索数据的年分布特征

为了更直观地了解华北地区 5A 级景区网络搜索的时间分布变化，对景区网络搜索的年分布特征进行分析。将百度指数所提供的 32 个搜索关键词的日均网络搜索按年相加进行汇总，对其年际变化趋势进行分析，如图 5-2。

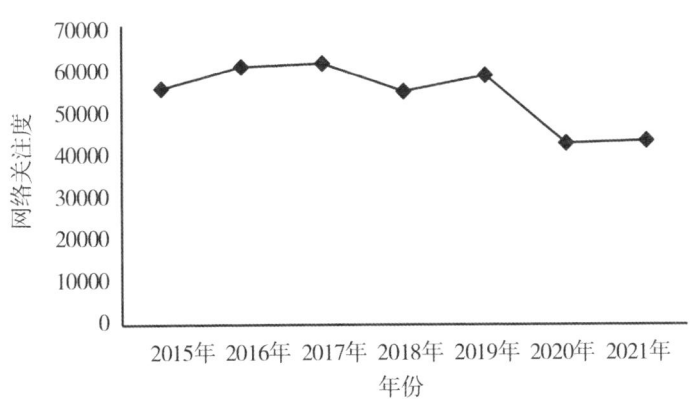

图 5-2　2015—2021 年华北地区
5A 级景区网络搜索的年变化

2015—2017 年华北地区 5A 级景区网络搜索的变化趋势较平稳；2017—2019 年的变化幅度较小，表明这几年来华北地区

5A 级景区的关注量较稳定；2019 年至 2021 年期间，景区网络搜索量呈现出由大幅下降到平稳的趋势，这表明在 2020 年特殊的社会背景下，以人员流动为主的旅游业受到较大影响，同时也表现出旅游产业的不稳定性和脆弱性；相较于 2020 年，2021 年华北地区 5A 级景区网络搜索量略有上升，表明旅游业的发展形势正在慢慢变好，旅游业正在慢慢复苏。

（二）网络搜索的月分布特征

以 2015—2021 年的日网络关注变化数据作为基础数据，将景区每年的日网络关注数据按月进行求和汇总，在此基础上得到月时段的网络搜索的变化趋势图，如图 5-3。

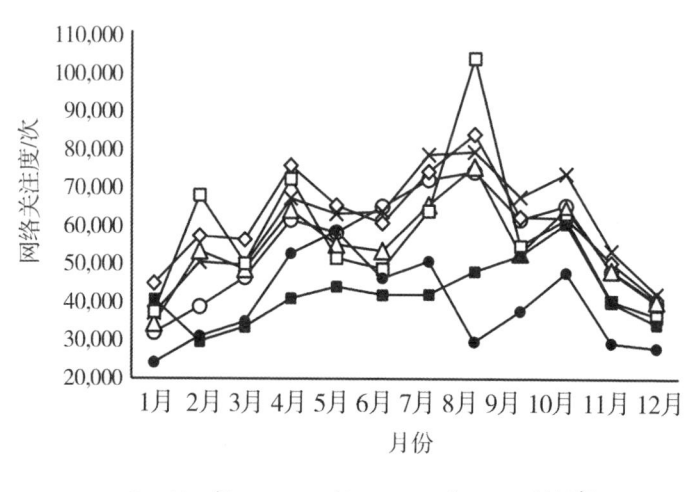

图 5-3　2015—2021 年华北地区
5A 级景区网络搜索的月变化

从整体上看，2015—2019 年网络搜索的变化趋势呈现"三升三降"的走向。2 月、4 月、8 月、10 月为华北地区 5A 级景区网络搜索的高峰期，而这时恰为旅游的旺季，出行的气候适宜，且多为节假日、暑假等闲暇时间。2 月份正值春节假期期间，人们不再拘泥于以往的过节方式，在春节假期更喜欢陪着家人出去旅游。近年来，春节假期旅游热的现象越来越显著。五一假期的出游行程需要提前规划，4 月份的网络搜索量多于五一假期的网络搜索量，因此网络搜索出现了明显的"前兆"性；8 月份的搜索量达到最高峰。随着社会的发展，近年来研学旅游、暑期出游等越来越受到人们的青睐，而华北地区的众多知名景点，文化底蕴深厚，成为大多数学子出行的首选目的地。国庆假期也是旅游的小高峰，假期时间较长，且气候适宜，随着旅游出行人数的不断增多，华北地区 5A 级旅游景区的网络搜索量也在不断增长。

2020 年和 2021 年，景区网络搜索出现了明显的下降。可以发现 2020 年 8 月份之前华北地区 5A 级景区的网络搜索处于一个持续低迷状态，但 8 月份以后网络搜索出现明显的回升，网络搜索在 10 月份达到最高峰，表明人们的出游意愿并没有因特殊情况的出现而减弱，人们渴望在节假日出游；2021 年 1—7 月份的网络搜索明显高于 2020 年 1—7 月份的网络搜索，这是因为此时人们迫切需要出游的心理得到满足，出现了报复性出游现象。从图 5-3 可以看出，2015—2021 年网络搜索的变化趋势从 10 月份到次年 1 月份呈现持续下降趋势，这表明华北地区 5A 级景区网络搜索的淡旺季明显。

为了进一步探究华北地区 5A 级景区网络搜索的季节差异性，景区的每月网络搜索与该年份的总值相比可获得月比重指数，并利用公式（5-1）计算出季节性集中指数，如表5-2。

表5-2　华北地区5A级景区网络搜索月占比及季节性集中指数（2015—2021年）

	2015	2016	2017	2018	2019	2020	2021
1月	4.84	5.12	6.12	5.26	5.46	8.02	5.16
2月	5.87	6.95	7.81	8.14	9.86	5.88	6.62
3月	7.01	6.85	7.68	7.41	7.29	6.61	7.43
4月	9.28	9.25	10.31	9.78	10.48	8.07	11.17
5月	8.78	8.70	8.90	8.40	7.48	8.67	12.40
6月	9.80	8.78	8.27	8.14	7.08	8.25	9.82
7月	10.86	10.82	10.09	9.99	9.27	8.28	10.74
8月	11.16	10.92	11.42	11.49	15.04	9.44	6.31
9月	9.30	9.30	8.49	8.06	7.95	10.26	8.00
10月	9.84	10.13	8.46	9.82	8.95	11.90	10.11
11月	7.25	7.36	6.87	7.37	5.86	7.87	6.25
12月	6.00	5.82	5.58	6.15	5.29	6.75	5.97
R值	1.99	1.82	1.64	1.67	2.59	1.57	2.30

由表 5-2 可知，2015—2017 年 R 值出现了小幅度的下降，表明网络搜索的季节性差异变小，季节分布趋于稳定；2017—2019 年季节性集中指数出现较大幅度的增长，说明景

区网络搜索的淡旺季趋于明显；2019、2021 年季节性集中指数最高，表明游客出游意愿的季节性差异较大。从总体上看，2015—2021 年华北地区 5A 级景区网络搜索的月分布波动变化较大，季节性差异较明显。

（三）网络搜索的节假日变化特征

劳动节和国庆节为我国的法定假期，假期时间固定，是我国公民出行旅游的高峰期，也是景区网络搜索变化最为显著的时期，且此时的气候适宜，民众的出行意愿强烈。因此，特选取劳动节和国庆节两个旅游高峰期进行分析。

利用百度指数收集华北地区 32 个 5A 级景区五一与国庆节假期的数据，并进行统计。考虑到数据分布周期的稳定性，排除 2020—2021 年两年的异常数据，因此选取 2015—2019 年的数据进行分析，如图 5-4、图 5-5。

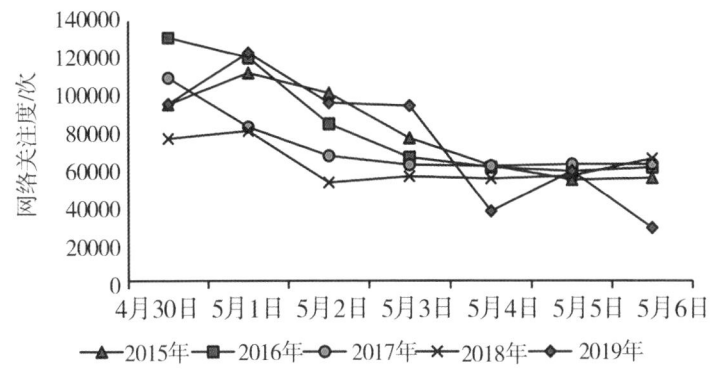

图 5-4　2015—2019 年网络搜索的五一假期变化

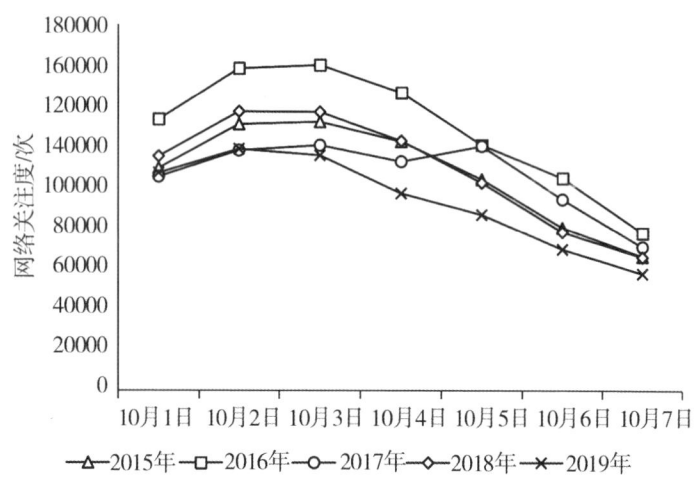

图 5-5　2015—2019 年网络搜索的国庆假期变化

　　从图 5-4 中可以看出，2015—2019 年五一假期的景区
网络搜索在各年呈现一定的差异，由于人们出行前会在网络
上搜索旅行目的地的相关信息，因此搜索量在 4 月 30 日达
到最高峰，随着假期游客的出游，4 月 30 日之后网络搜索出
现了明显的下降趋势；国庆节期间的网络搜索在 10 月 1 日至
10 月 4 日持续上升，之后呈现了下降趋势，假期前期和后期
的变化差异明显，假期前期游客往往会通过网络搜索获取旅
游信息，为出行做准备；由于国庆节前期会出现景区拥挤现
象，为了获得更好的旅游体验感，人们常常选择在假期后期
错峰出游。总之，假期的前后网络搜索的变化趋势明显，假
期前期并未表现出明显的"前兆性"。

六、网络搜索的空间分布特征

（一）网络搜索的区域分布

根据柴海燕等人关于武汉旅游网络关注度空间分布特征的分析，[34] 基于百度指数，获取 34 个省级行政区在 2015—2021 年期间对华北地区 5A 级景区网络关注度的年关注度总值，并将数据进行收集整理，分为三类（具体数值见表 5-3）。

表5-3 34个省级行政区2015-2021年网络关注度值

	2015年	2016年	2017年	2018年	2019年	2020年	2021年
安徽省	3428	3477	4198	4055	4157	3707	3750
澳门	0	0	98	174	172	98	110
北京	16723	16825	18124	17773	18194	12440	12918
重庆	2522	2741	3539	3109	3171	2747	2781
福建	3381	3807	4030	3926	4012	3486	3408
广东	6698	7509	7798	7761	8230	6949	6669
广西	2560	2627	2900	2962	2969	2672	2686
甘肃	2057	2203	2450	2461	2425	2158	2063
贵州	1881	2079	2324	2264	2309	2031	2108
河北	10874	12025	12214	11584	11524	8615	8908
黑龙江	2984	3401	3386	3344	3350	2875	2893
河南	6257	6905	7513	7048	7019	5577	5598
湖南	3255	3467	3799	3784	3856	3364	3368

续表

	2015年	2016年	2017年	2018年	2019年	2020年	2021年
湖北	3648	3902	4181	4251	4319	3698	3760
海南	1246	1371	1532	1605	1675	1501	1500
吉林	2872	3370	3774	3286	3251	2654	2806
江苏	5730	6093	6528	6655	7123	5897	5991
江西	2628	2754	3047	3146	3124	2848	2868
辽宁	4501	4786	5312	5372	5520	4326	4412
内蒙古	3784	4200	4467	4304	4330	3402	3623
宁夏	1219	1402	1602	1606	1582	1258	1292
青海	808	1185	1096	1118	1065	920	899
上海	4611	4880	5211	5443	5678	4653	4651
四川	4250	6201	5193	4547	4873	4584	4193
山东	6334	6664	7311	7349	7713	6334	6568
山西	7932	8254	8720	8287	8529	7132	6899
陕西	4404	4718	4952	4788	4757	3906	3994
天津	6062	6121	6073	5783	5995	4575	4606
台湾	321	312	411	434	418	143	121
西藏	322	363	438	465	490	471	518
香港	532	507	691	909	903	554	501
新疆	1700	1806	1991	1987	1904	1669	1776
云南	2181	2326	2751	2741	2802	2499	2502
浙江	5246	5597	5843	5937	6185	5281	5257

　　第一类，网络关注度总量在5000以上的，有北京、广东、河北、河南、江苏、辽宁、上海、山东、山西、天津、浙江；第二类，网络关注度总量在2000~5000之间，有安徽、重庆、福建、广西、甘肃、贵州、黑龙江、湖南、湖北、吉林、江西、内蒙古、四川、陕西；第三类，网络关注度总量在2000以下的省级行政单位，有澳门、海南、宁夏、青海、台湾、西藏、香港和新疆。

　　为了更直观地分析景区网络关注度的区域分布情况，将数据进行整理并对这些省市进行排名，列出排在前十的省市，如表5-4。

表5-4　2015年—2021年华北地区5A级景区网络关注度排名

排名	2015年	2016年	2017年	2018年	2019年	2020年	2021年
1	北京	北京	北京	北京	北京	北京	北京
2	河北	河北	河北	河北	河北	河北	河北
3	山西	山西	山西	山西	山西	山西	山西
4	广东	广东	广东	广东	广东	广东	广东
5	山东	河南	河南	山东	山东	山东	山东
6	河南	山东	山东	河南	江苏	江苏	江苏
7	天津	四川	江苏	江苏	河南	河南	浙江
8	江苏	天津	天津	浙江	浙江	浙江	上海
9	浙江	江苏	浙江	天津	天津	上海	天津
10	上海	浙江	辽宁	上海	上海	四川	辽宁

由表5-4可知，七年间，景区网络关注度排名前十的省份中，北京市一直处于榜首，排名前四位的省份在七年间一直没有发生变化；排名前十的省份中，有集中在距离华北地区5A级景区较近的周边省份，如北京、河北、天津、山西；还有经济较发达的东部地区，如广东、江苏、上海、浙江等省份；此外山东、河南为我国的人口大省，对华北地区5A级景区的网络关注度也较高。

从整体上看，在排名前十的省份中，东部地区有北京、天津、河北、辽宁、上海、江苏、浙江、山东、广东；中部地区有山西、河南；西部地区有四川。总之，华北地区的空间分布较不均匀，关注度最高的地区主要集中在东部和中部，西部地区对华北地区5A级景区的网络关注度较低。

（二）网络搜索的空间分布集中程度

为了进一步探究全国34个省区对华北地区5A级景区网络关注度的空间分布集中程度，文章对地理集中指数（G）、赫芬达尔指数（S）和首位度（P）进行了相关研究，如表5-5所示。

表5-5　空间分布集中程度的研究指标数值

指标	2015年	2016年	2017年	2018年	2019年	2020年	2021年
G	22.30	21.95	21.77	21.68	21.72	20.90	20.99
S	0.0497	0.0482	0.0474	0.0470	0.0472	0.0437	0.0440
P	1.538	1.399	1.484	1.534	1.579	1.444	1.450

由表 5-5 可知,2015—2018 年地理集中指数和赫芬达尔指数呈下降趋势,在 22.3~21.6 之间浮动,下降的幅度较小,说明 34 个省份对华北地区 5A 级景区网络关注度的空间分布趋于分散,但 2018—2019 年出现了上升趋势,表明各省级行政区的网络关注度趋于集中;首位度在 2015—2016 年出现下降趋势,2016—2019 年持续上升,表明华北地区 5A 级景区的网络关注度集中在排名第一的省级行政区,空间分布较集中。总之,我国各省区对华北地区 5A 级景区网络关注度的空间分布的集中程度较高,各省区对景区的网络关注度也在不断变化。

七、应用结果

文章通过百度指数搜索平台,获取华北地区 32 个 5A 级景区 2015—2021 年的年、月、日网络关注度值,以及 34 个省级行政区对景区网络关注度的年关注度总值,在此基础上进行了时间和空间分布特征的研究后,得出了如下结论。

(一)网络关注度的年际变化趋势不稳定

从 2015—2021 年网络关注度的年际变化图可以看出,华北地区 5A 级景区的网络关注度变化趋势明显,后两年网络关注度有所下降,但下降的幅度较小,总体变化趋势半稳。

(二)季节性分布与假期性分布特征显著

从上文的研究结果来看,华北地区 5A 级景区网络关注度的高峰期在 2 月、4 月、8 月、10 月，这些月份最适合出行，人们不仅有闲暇，而且气候适宜，网络关注度的季节性分布特征表现出了人们的出行意向与规律。2015—2021 年五一假期和国庆假期，网络关注度的最高峰明显集中在假期的前期，中后期网络关注度出现下降，反映了网络关注度的"前兆性"，以及出游意向的时间分布规律。

（三）空间分布特征差异性明显且空间分布集中

从上文可知，华北地区 5A 级景区网络关注度最高的区域为距离景区较近的省市，经济发达地区对景区的网络关注度较高；此外，人口因素也是影响网络关注度的一个重要因素。总之，华北地区 5A 级景区网络关注度的空间分布集中且空间分布不均匀。

八、应用建议

华北地区 5A 级景区网络关注度的时空分布差异化明显，在对相关特征进行分析后提出了对应建议，希望对华北地区 5A 级景区的科学管理具有一定的指导意义。

（一）立足当前形势，调整旅游产品供给

旅游景区应立足当前形势，不断调整产品的供给，低密度、近郊、自驾、康养等将成为游客的新的消费趋势。将 5A 级景区与健康卫生、科技与数字化相结合，推动华北地区 5A 级景区旅游业可持续发展，同时不断推进旅游与健康相互赋能，完善公共旅游服务设施。

（二）加强景区管理，积极应对淡旺季客流量变化

景区的淡旺季差异明显。2月、4月、8月、10月是景区网络关注度的高峰期，也是景区的旅游旺季，此时，旅游景区人流量较多，需要加强管理，特别是在五一假期和国庆假期期间，景区的人流量巨大，给游客带来了不好的旅游体验。假期前期和后期网络关注度的差异明显，游客因此会选择错峰出游。旅游景区应提高景区的旅游承载力，不断完善旅游景区基础设施系统的建设，提升游客的出游满意度。景区淡季时，要不断提升景区的竞争力，挖掘好景区的文化资源，将文化资源积极融入旅游产品的开发之中，如举办特色文化节、美食节等，大力开发文旅演艺、休闲度假、科普研学、民俗体验等旅游产品。另外，景区应积极应对客流量的变化并加强旅游景区的管理，不能因为旅游景区的客流量较少而产生了懈怠心理，同时管理者要时常进行督促检查。

（三）加强区域联系，提升关注度在空间上的均衡性

华北地区5A级景区网络关注度较高的区域为景区的周边省份和经济发达地区。首先，5A级景区需要推动旅游交通的建设，不断提高5A级景区的通达性、便捷性，减少游客的时间成本；其次，要整合景区的优势资源，以此带动周边区域发展，形成多样的旅游热点和路线，提升游客的满意度；最后，要借助新兴社交媒体平台，如微博、抖音、微信

等，加强华北地区 5A 级景区向西部地区的推广，开发针对西部地区游客喜好的旅游产品，进行市场营销，提升景区关注度在空间上的均衡性。

（四）加大宣传力度，利用好景区资源优势

部分 5A 级景区的网络关注度较低，其资源优势并未得到很好的利用。因此，旅游景区要利用好新时代的大数据互联网，推进网站、微信平台等智能化、综合化旅游服务平台的建设；创新宣传思路，明确旅游景区的发展方向，推动"线上线下"互动营销、精准营销；不断加强景区的基础设施建设，加强与各景区的合作，以此带动景区发展。同时，也要利用好景区的特色资源，打造自己的品牌形象，并利用新型媒体加大宣传力度，发挥 5A 级景区的资源优势。

第六章　基于文本数据的语义结构探索

一、应用目的

一是学习掌握利用评论文本大数据分析游客表达的语义结构。

二是学习使用网络爬虫工具"八爪鱼"收集数据，使用ROST Content Mining 6（ROST CM6）进行数据清洗。

三是掌握社会网络分析指标，使用 UCINET 软件进行数据分析。

二、应用背景

2020 年至今，各行各业发展态势均呈现阶段式变化，从敏感期到波动期，再到常态期，旅游供需市场逐渐恢复常规性因素驱动的趋势。期间危机与机遇并存，旅游新业态的萌生以及游客消费行为的变化，加速了旅游内循环。网络新媒体和自媒体的日益规范和持续繁荣，使得游客生成内容的获取渠道更便捷，获取方式更多样，内容质量也更有保障。对旅游经营主体和监管主体而言，旅游网络舆情的管理模式不再以"事后应对"为主，网络评价和观点表达的常态化监管已成共识。

选择山西省 A 级旅游景区为研究主体，以在线评价为网络舆情数据来源，以 2020 年 1 月至 2022 年 6 月为时间节点，侧重研究游客在线评论生成的文本数据所表达的语义结构，探索有哪些核心诉求点，有哪些诉求群。通过研究，以期精准定位旅游需求点，为旅游经营主体的评论管理、舆论应对提供思路，探索旅游形象提升的可行之路。

三、数据处理

（一）数据收集

为研究游客对山西省 A 级景区的感知内容及语义网络特征，选取携程网的景区评价文本作为研究数据。携程是当前国内 OTA 行业的领先平台，其信息量尤为充足，携程网的评论信息需要游客游览之后方可填写，故真实性、时效性有所保障。考虑本应用案例特殊的社会背景和特定的研究对象，运用网络爬虫工具"八爪鱼采集器"，在携程旅行网的目的地板块搜索各景区名称，抓取内容包括用户名、评论内容和评论时间等信息，选择发布时间 2020 年 1 月 1 日至 2022 年 6 月 30 日的山西省 9 家 5A 级景区的评论文本，收集评论数 10969 条，共计 610989 字符。

（二）数据清洗

由于网络文本的内容具有极强的主观性，所以需要对所获得的数据进行预先的处理。在筛除掉一些与景区无关、带有无法识别的字符和表情、明显的广告代刷、恶意诋毁该景区以及重复凑字数的评论之后，得到10595条评论，共计605557个字符。将这些评论作为下一步词频分析、语义网络分析、情感画像分析和理论建构的数据基础。

表6-1　山西省5A景区游客评论文本数据量

景区名称	晋升5A时间（年）	原始数据		清洗后数据	
		评论数量（条）	评论文本字数（字符数）	评论数量（条）	评论文本字数（字符数）
五台山风景名胜区	2007	2410	85768	2317	84558
云冈石窟	2007	2582	124183	2505	123603
皇城相府生态文化旅游区	2011	1022	49217	996	48764
绵山景区	2013	351	22300	331	22031
平遥古城景区	2015	2803	229575	2714	227681
雁门关景区	2017	664	34639	649	34414
洪洞大槐树寻根祭祖园旅游景区	2018	480	16753	469	16687
壶关太行山大峡谷八泉峡景区	2019	475	27271	450	26871
云丘山景区	2020	182	21283	164	20948
合计		10969	610989	10595	605557

四、应用基础

（一）研究方法

社会网络分析法：社会网络分析利用节点之间的关系数据，从整体网络结构和个体网络结构两个层面展开。将社会网络分析法应用于语义分析，是研究方法适用性的一次新尝试，在语义网络中，节点（Node）表现为主题词，网络规模（n）表现为主题词数量，关系（Ties）表现为共同出现的主题词组。

（二）分析指标

整体网络结构可以分析所有节点和节点之间关系的结构特点，包括网络密度（Network Density）、平均路径长度（Average Path Length）、凝聚力指数（Distance-based Cohesion）、网络中心势（Network Centralization）等指标。

密度表示节点之间联系的紧密程度，语义网络中共现词组的数量大小表现为密度的大小。密度值在 0~1 之间，越接近 1，越稠密。网络密度的计算公式为：

$$ND = \frac{l}{n(n-1)/2}$$

其中 l 表示实际出现共现词组的数量，n（n-1）/2 表示存在共现词组数量的最大可能值，n 为语义网络中的主题词数量。

平均路径长度表示网络中任意两个节点之间的平均最短距离，其取值为大于或等于 1，数值越接近 1，表示网络中节点构建关系的路径越短。平均路径长度的计算公式为：

$$APL = \frac{\sum d_{ij}}{n(n-1)/2}$$

其中 d_{ij} 表示主题词 i 与 j 之间的最短路径的距离 $(i \neq j)$，n 为语义网络中的主题词数量。

平均聚类系数表示网络中节点连接的紧密程度，反映网络的聚集性。其计算公式为：

$$DC = \frac{1}{n} \sum_{i \in n} \frac{2m_i}{n_i(n_i-1)}$$

其中 n_i 表示主题词的邻居词的个数，m_i 表示 n_i 个邻居词之间的边数。

网络中心势说明整体网络中心化的程度，数值越大，表明越多节点围绕某一中心建立联系。网络中心势 C_{AD} 的计算公式为：

$$C_{AD} = \frac{\sum_{i=1}^{n}(C_{AD\max} - C_{AD}(i))}{(n-1)(n-2)}$$

整体网络中节点的绝对点度中心度的最大值计为 $C_{AD\max}$，$C_{AD}(i)$ 为节点 i 的绝对点度中心度，n 表示网络中节点总数量。

个体网络分析围绕某一节点展开，分析与之相关节点的连接特征。包括中心度（Centrality）、结构洞等指标。点度中心度（Point Centrality）表示与某一节点直接相连的节点数量，数量越多，说明该节点处于网络的中心位置。中间中心度（Betweenness Centrality）表示网络中其他节点相连时，必须通过该节点的最短路径距离，指标取值越大，表明该节点处在较多节点的最短路径上，对其他节点有较高的资源控制力，扮演的"中介桥梁"作用较为明显。接近中心度（Closeness Centrality）表示某一节点与其他节点的接近程度。具体公式如表6-2所示。

表6-2　中心度计算公式表

中心度指标	绝对值	相对值
点度中心度	$C_{AD}(i) = k_i$	$C_{RD}(i) = \dfrac{C_{AD}(i)}{n-1}$
中间中心度	$C_{AB}(i) = \sum\limits_{j}^{n} \sum\limits_{k}^{n} b_{jk}(i), j \neq k \neq i \text{ and } j < k$	$C_{RD}(i) = \dfrac{2C_{AB}(i)}{(n-1)(n-2)}$
接近中心度	$C_{AC}(i) = \sum\limits_{i=1}^{n} d_{ij}$	$C_{RD}(i) = \dfrac{n-1}{C_{AC}(i)}$

注：$C_{AD}(i)$、$C_{AB}(i)$、$C_{AC}(i)$ 分别表示节点i的点度中心度、中间中心度、接近中心度；$C_{RD}(i)$、$C_{RB}(i)$、$C_{RC}(i)$ 分别表示节点i的相对点度中心度、相对中间中心度、相对接近中心度；k_i表示与节点i直接相连的节点数；$b_{jk}(i)$表示节点i处于节点j与节点k之间的最短路径上的概率；d_{ij}表示节点i与节点j之间的最短路径的距离；n表示网络中节点总数量。

Burt 认为使用"结构洞"分析两个节点之间的非冗余联系[35]，存在结构洞的两个节点为网络贡献的利益，是可以叠加的，而非冗余的，具体指标包括限制度（Constraint）、

有效规模（Effective Size）、效率（Efficiency）和等级度
（Hierarchy），其中限制度最为重要。

五、评论文本数据的词频分析

首先，将用户名重复、评论内容无实际意义、只包含表
情或标点符号的评论信息删除，以保证文本数据的可用性。
其次，将文本信息全部归入 TXT 文档，并使用 ROST CM6 软
件进行分词实验，发现基于现有分词词表无法识别专有词汇。
在对文本预选基础之上将"皇城相府""又见平遥""中国镖
局博物馆""洪洞大槐树"等专有词汇加入分词词表，将"这
里""我们""真的""还是""大家""一下""就是"等指向
性不明确的词汇加入停用词表，形成最终主题词词表，为词
频统计夯实基础。最后，运用 ROST CM6 软件词频统计功能，
发现游客对 5A 级景区的关注主题的排序情况。受限于篇幅，
只选取了排名前 100 的主题词，如表 6–3。

表6–3　山西省5A级景区游客评论词频统计

序号	词汇	频数	序号	词汇	频数	序号	词汇	频数	序号	词汇	频数
1	不错	2790	26	没有	606	51	游览	287	76	票号	226
2	古城	2704	27	方便	587	52	感受	282	77	环境	221
3	值得	2478	28	云冈石窟	531	53	客栈	280	78	皇城相府	219
4	景色	2032	29	感觉	516	54	一般	279	79	完整	218
5	可以	1571	30	旅游	508	55	大院	278	80	提前	214

续表

序号	词汇	频数	序号	词汇	频数	序号	词汇	频数	序号	词汇	频数
6	景区	1490	31	导游	495	56	喜欢	277	81	演出	211
7	平遥	1451	32	服务	468	57	壮观	266	82	又见平遥	205
8	景点	1396	33	讲解	468	58	参观	264	83	寺庙	197
9	非常	1344	34	性价比高	441	59	游玩	263	84	完好	195
10	体验	1131	35	佛教	435	60	世界	258	85	住宿	193
11	平遥古城	1076	36	特色	416	61	艺术	257	86	圣地	190
12	石窟	1003	37	建议	388	62	古代	256	87	预约	185
13	历史	992	38	城墙	371	63	值得一看	255	88	康熙	185
14	好玩	952	39	保存	355	64	县衙	253	89	佛像	185
15	山西	915	40	值得一去	348	65	公里	249	90	拍照	177
16	有趣	903	41	震撼	348	66	美食	244	91	规模	173
17	文化	822	42	大同	339	67	牛肉	244	92	朋友	173
18	中国	761	43	风景	330	68	山西省	241	93	表演	171
19	总体	733	44	雁门关	314	69	了解	241	94	长城	169
20	地方	730	45	免费	300	70	时期	241	95	酒店	168
21	五台山	692	46	小时	298	71	北魏	239	96	故事	167
22	门票	686	47	游客	293	72	价格	238	97	晚上	165
23	性价比	658	48	交通	289	73	博物馆	232	98	管理	164
24	建筑	625	49	位于	288	74	遗产	229	99	适合	157
25	时间	613	50	明清	288	75	酸奶	226	100	位置	156

六、评论文本数据的语义结构探索

（一）整体网分析

依据评论文本的主题词频率大小，可以发现游客关注的排序情况，但无法分析主题词之间的关联关系，无法挖掘主题词在语境中进一步内容。本应用案例在高频主题词基础之上，分析前 100 个主题词中的共同出现词组数量为 193，统计共现次数，梳理语义分析的共现矩阵，将矩阵转换为二值矩阵，构建无向的评论文本语义网络，表 6-4 展示前 20 组共现词组及共现次数，图 6-1 展示了山西 A 级景区在线评论的整体语义网络图。

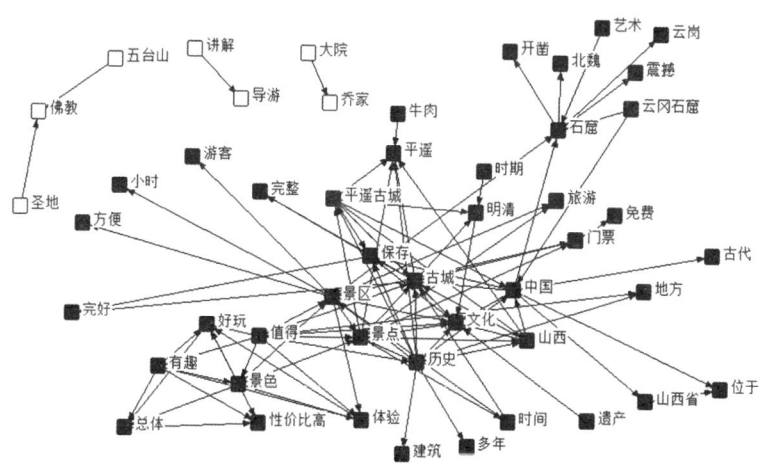

图 6-1　山西 A 级景区在线评论整体语义网络

表6-4 语义网络共现词组数量

共现词组	共现次数	共现词组	共现次数
有趣—好玩	869	景色—总体	401
景色—好玩	729	景色—性价比高	307
有趣—景色	726	总体—性价比高	305
值得—景色	722	平遥古城—古城	285
值得—体验	642	好玩—总体	276
景色—体验	598	有趣—总体	276
值得—有趣	452	历史—文化	262
值得—好玩	451	景点—古城	255
有趣—体验	420	好玩—性价比高	253
体验—好玩	418	有趣—性价比高	253

本应用案例基于二值矩阵，运用社会网络分析工具 UCINET，通过软件的网络—凝聚力—密度功能分析发现语义网络整体密度 0.0195（如图 6-2），此时计算的密度为有向网络密度，而词语之间为无向网络，故密度为 0.039，且符合语义网络密度计算公式：

$$ND = \frac{l}{n(n-1)/2}$$

其中 l=193，表示实际出现共现词组的数量，n=100，为语义网络中的主题词数量。网络整体密度 0.039，表明语义网络中的词语活跃度不高。

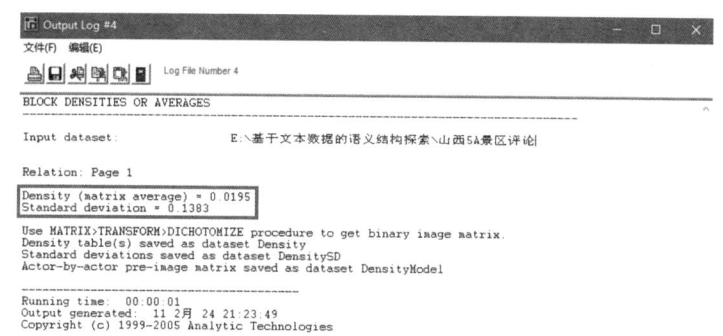

图 6-2　语义网络密度

通过对 UCINET 软件的网络—凝聚力—距离功能进行分析，发现语义网络的凝聚力指数为 0.076（取值范围 0-1）、平均路径长度为 2.681（如图 6-3）；通过对 UCINET 软件的网络—中心度—度功能进行分析，发现语义网络的中心势为 13.46%（如图 6-4），以上指标表明这些词语构建的语义网络较稀疏，不利于提炼游客的核心关注。根据王美月的观点[36]，平均路径长度小于 10，就可以判定该网络具有显著的小世界效应。山西 5A 级景区在线评论的语义网络的平均路径长度为 2.681，即通过 2 个词语能将任意两个词语节点连接成句，说明语义网络中形成了多个规模不同的小群体，也可以理解为小短句，一定程度上表明用户的评价内容连贯性不足，多为短小式的短语内容。

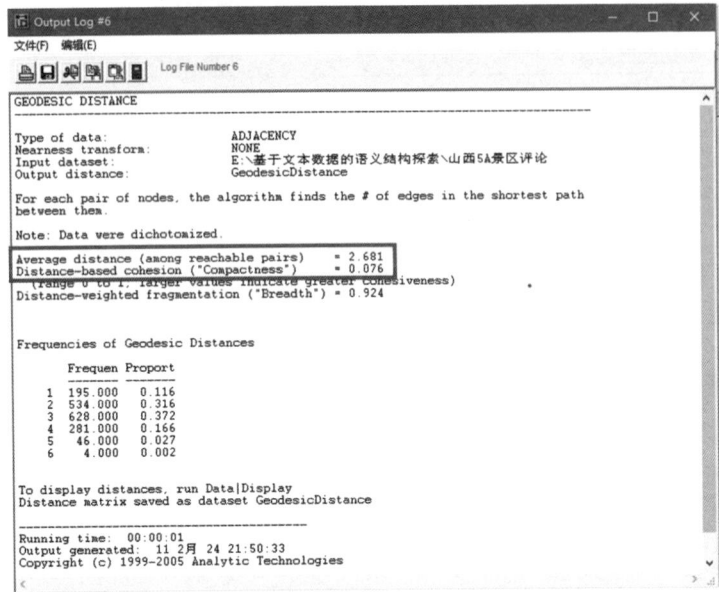

图 6-3　语义网络凝聚力指数及平均路径长度

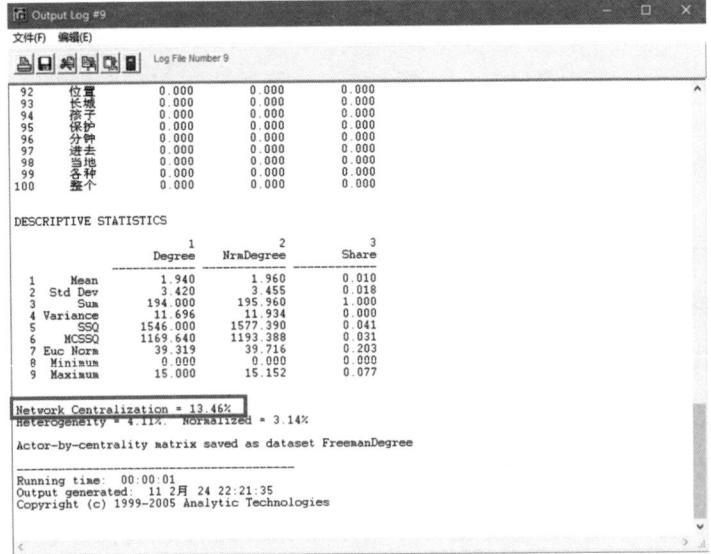

图 6-4　语义网络中心势图

　　语义网络连接分散，各主题词之间并未围绕某一共同节点构建网络，游客对 9 家 5A 级景区的关注点各有异同，自然景观类景区多注重"景色""体验""好玩"等感官体验性维度，人文景观类景区多注重"文化""历史""讲解"等知识教育性维度，此外两类景区的共同关注点包括"总体""性价比""门票""值得"等维度。

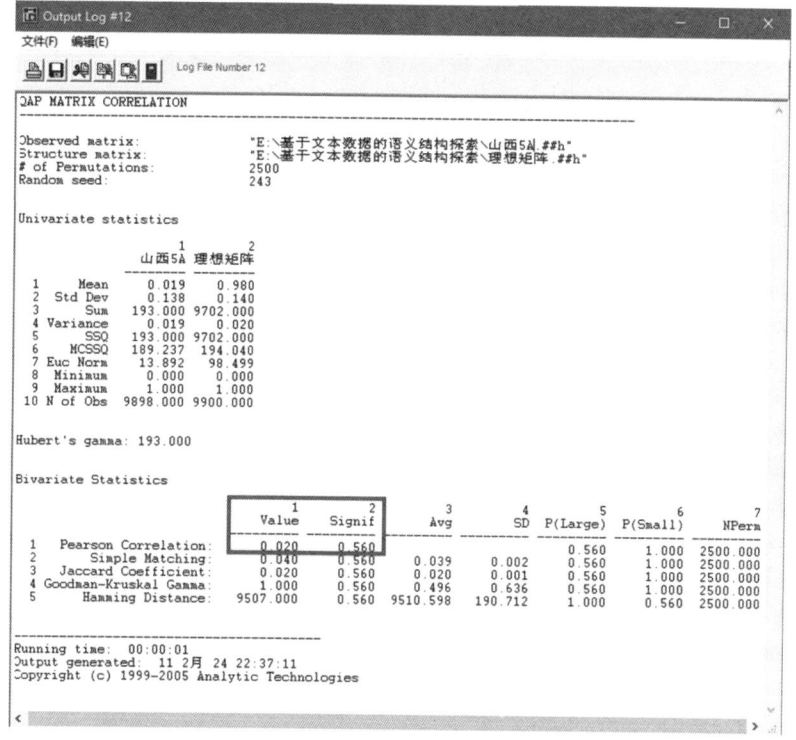

图 6-5　语义结构 QAP 相关性

　　为分析主题词之间结构的相似性，使用 UCINET 的工具—假设检验—QAP 相关性分析模块，采用语义网络的二

值矩阵与理想矩阵 [①] 进行 QAP 相关性分析，发现相关系数为
0.020，显著性水平为 0.560（如图 6-5），大于 0.05，从统计
学角度说明，山西 5A 级景区在线评论语义网络的核心边缘
结构非常模糊，各主题词之间结构核心凝聚效果不明显，游
客针对 A 级景区的评论点分散。

（二）中心性分析

运用社会网络分析工具 UCINET，通过软件的网络—中
心度—度功能分析点度中心度指标，通过软件的网络—中心
度—Freedom 中间度—节点中间度功能分析中间中心度指标，
通过软件的网络—中心度—接近性功能分析接近中心度指
标，表 6-5 显示了各节点的三个中心性测量结果。

"古城""景区""景点""历史""文化""中国"等节点
的点度中心度最高，表明这些主题词较为活跃，与其他主题
词互动频繁、联系密切，在语义网络中处在中心位置。"景
区""古城""中国""历史""值得""文化"等节点的中间
中心度排名靠前，表明这些节点在语义网络中的桥梁作用明
显，对其他节点的资源控制能力较强。其他节点需要以这
些节点为中介，才能接入语义网络中，如果这些节点缺失，
整个网络会成为非连通网络。"古城""景区""景点""历
史""文化""值得"等节点的接近中心度排名靠前，说明这
些主题词更接近网络中心，对其他主题词的依赖程度很小，

---

① 理想矩阵为一个 100×100 的矩阵，第 1—99 行数值均为 1，第 1—99 列数
值均为 1，其余值为 0。

可以依靠自己建立语义关联。"表演""长城""酒店""故事""管理""适合""位置"等主题词的中心性指标排名靠后，表明这些主题词处在语义网络的非中心位置，游客对其关注程度较低，在语义网络中与其他主题词联系较少。

表6-5 在线评论语义网络中心性测量指标（前20位）

序号	主题词	点度中心度	主题词	中间中心度	主题词	接近中心度
1	古城	15.152	景区	4.279	古城	1.631
2	景区	13.131	古城	3.439	景区	1.63
3	景点	12.121	中国	3.438	景点	1.63
4	历史	12.121	历史	2.082	历史	1.63
5	文化	11.111	值得	2.074	文化	1.63
6	中国	11.111	文化	1.947	值得	1.629
7	值得	10.101	石窟	1.943	平遥古城	1.628
8	平遥古城	9.091	景点	1.695	中国	1.628
9	景色	8.081	景色	1.342	山西	1.627
10	山西	7.071	门票	0.831	石窟	1.626
11	保存	7.071	平遥	0.783	门票	1.626
12	平遥	6.061	明清	0.783	保存	1.626
13	好玩	6.061	平遥古城	0.411	景色	1.625
14	有趣	6.061	保存	0.333	平遥	1.625
15	体验	5.051	好玩	0.169	时间	1.625
16	石窟	5.051	有趣	0.169	体验	1.623
17	总体	4.04	山西	0.136	明清	1.623
18	门票	4.04	体验	0.132	地方	1.622
19	性价比高	4.04	时间	0.048	旅游	1.622
20	明清	4.04	佛教	0.021	好玩	1.621

（三）结构洞分析

通过对网络结构洞指标的测量，其中限制度后十位和有效规模、效度、等级度前十位的主题词如表6-6所示。

测量结果显示，限制度后十位与有效规模、效度、等级度前十位的主题词差别较大，基于 Robert A. Hanneman 和 Mark Riddle 的理论[37]，主要分析限制度后十位的主题词。"性价比高""体验"反映了游客在不同类型的景区中的实际感受主要取决于门票和体验感之间价值比较。表6-6显示"平遥古城""云冈石窟""五台山"三个主题词为景点名称，表明相比于其他景区，这三个景区的关注维度更广泛，在语义网络中建立的联系受限度也更小。

表6-6　语义网络结构洞测量结果

序号	主题词	限制度	主题词	有效规模	主题词	效度	主题词	等级度
1	性价比高	0.25	古城	15.00	景区	11.00	地方	1.13
2	山西	0.27	景区	13.00	古城	10.87	云冈石窟	1.13
3	总体	0.31	景点	12.00	中国	8.09	旅游	1.13
4	体验	0.36	历史	12.00	景点	7.50	位于	1.13
5	有趣	0.38	中国	11.00	历史	7.17	山西省	1.13
6	平遥古城	0.41	文化	11.00	文化	6.27	完整	1.13
7	好玩	0.42	值得	10.00	值得	6.20	完好	1.13
8	平遥	0.44	平遥古城	9.00	石窟	4.60	五台山	1.00
9	地方	0.50	景色	8.00	景色	4.38	方便	1.00
10	云冈石窟	0.50	保存	7.00	平遥古城	3.67	导游	1.00

（四）凝聚子群分析

为探究语义网络中是否有"小团体"，使用凝聚子群分析法。如果语义网络中存在凝聚子群，并且子群密度高，说明存在"小团体"，并且"小团体"内部成员之间关系密切。

通过 UCINET 中的 CONCOR 迭代相关收敛法，经过三次迭代，得到在线评论语义结构网络的凝聚子群图（图 6-6）和凝聚子群内部词语节点信息（表 6-7）。该语义网络存在多个子群，从上至下排序为 1~5 子群。其中 5 子群、3 子群规模较大，词语成员众多；最小的 4 子群只包含 6 个词语节点。5 子群包含 56 个节点，以"整个""保护"等为核心，构建了小网络群。

表6-7　凝聚子群成员信息

子群	数量	网络词语节点名称（示例）
1	11	游客、小时、性价比高、旅游、方便
2	7	圣地、艺术、北魏、讲解、导游
3	20	完好、完整、遗产、牛肉、明清
4	6	古代、时期、山西省、位于、免费
5	56	整个、保护、分钟、孩子、长城

凝聚子群密度矩阵进行二值化处理之后得到像矩阵（表 6-8），这其实是一个对角矩阵，说明将在线评论语义网络分为了 5 个凝聚子群，各子群内部词语之间联系紧密，主题性明显，但是子群之间关系不密切，只有 2 子群与 5 子群之间存在一定的语义关联。

表6-8　像矩阵

	1	2	3	4	5
	-----	-----	-----	-----	-----
1	1	0	0	0	0
2	0	1	0	0	1
3	0	0	1	0	0
4	0	0	0	1	0
5	0	1	0	0	1

（五）核心—边缘分析

陈银飞等学者将核心度作为核心群体的判断标准，[38] 以0.2、0.1 为区分点。据此，山西 5A 级景区在线评论的主题词分为核心群体、半边缘群体和边缘群体三类，"古城""历史""文化""景点""平遥古城""山西""值得""中国""景区""保存" 这 10 个主题词处在核心群体，"平遥""景色""明清""门票""时间" 这 5 个主题词处在半边缘群体中，其余属于边缘群体。通过分析核心词语和半核心词语可以发现，游客对山西的 5A 景区的关注以人文景观为核心，一方面因为 9 家 5A 景区中人文景观占 6 家；另一方面，人文景观升级到 5A 的时间相对早于自然景观。

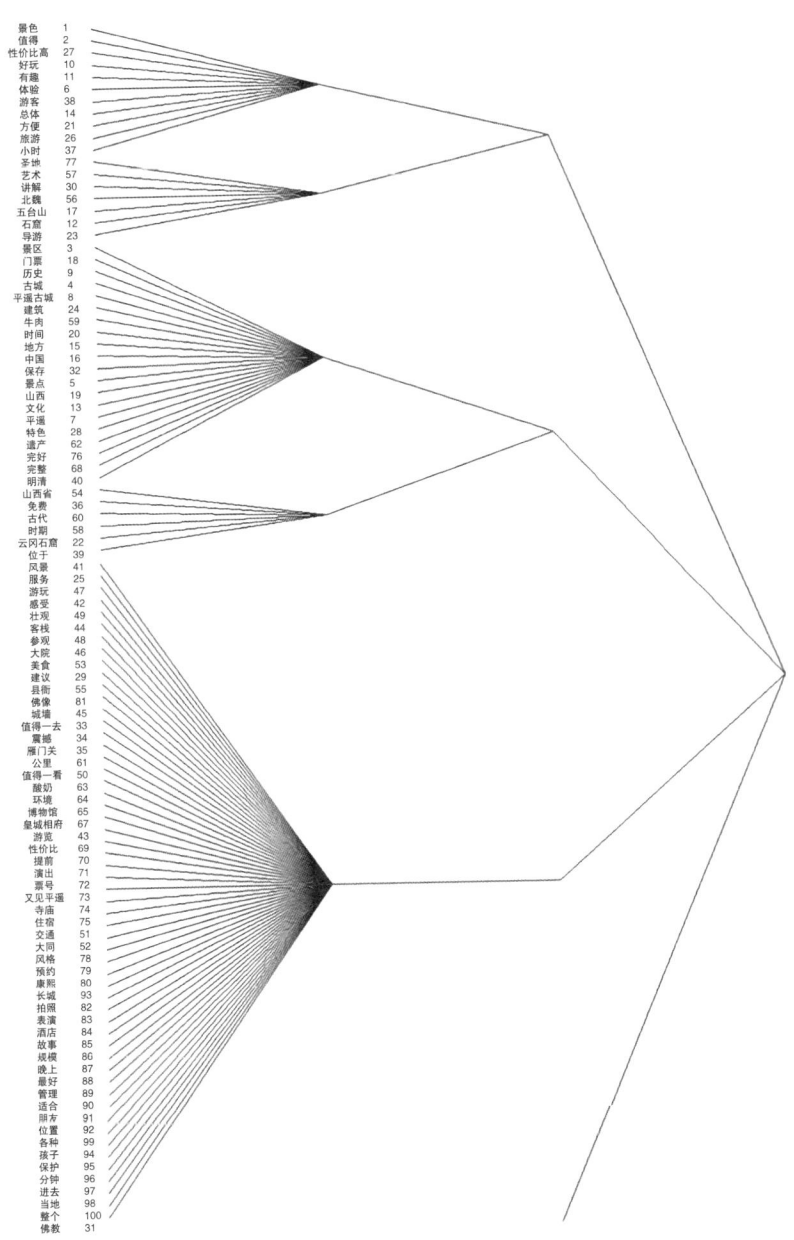

图 6-6　凝聚子群图

七、应用结果

首先，山西省 5A 级景区在线评论语义网络整体联系不密切，说明游客对山西旅游的关注点呈多元化，对人文类和自然类景区的网络关注既有共同点也有不同点，自然景观类景区多注重感官体验性维度，人文景观景区多注重知识教育性维度，共同关注点主要是价值维度。

其次，通过中心性分析发现，"古城""景区""景点""历史""文化""中国"等词语节点的出现频率最高，核心—边缘分析发现，"古城""历史""文化""景点""平遥古城""山西""值得""中国""景区""保存"这 10 个主题词处在核心地位，这表明游客对山西 5A 级景区的关注以人文景观为核心，更在意景观的历史底蕴和文化传承。

最后，通过凝聚子群分析发现，在线评论的词语被分割成 5 个相对独立的小群体，群体词语联系密切，群体之间关联性不强，表明游客对山西旅游整体性评价内容不多，大多就某一主题或某一景区展开评论。

八、应用建议

首先，节假日、出游高峰期按照"限量、预约、错峰"原则，科学预测游客量，完善预约平台，降低游客聚集带来的风险。契合游客对安全、卫生、舒适的高要求，观光、酒店、餐饮、旅行社等从业者需对原有旅游产品进行提质升级。

在旅游公共服务方面，智能交互设施、人脸识别、流量动态监测、应急疏导等智能设施设备需升级更新，提升游客体验。完善旅游应急管理体系，就旅客信息回溯、滞留旅客安置和旅游预订取消等方面，制定应急预案、构建应急机制、进行应急演练迫在眉睫。

其次，"人文三晋，表里山河"，山西的历史人文旅游资源和自然风光资源都十分丰富。深度挖掘景区的人文内涵，提升景区的文化氛围，让游客沉浸在文化海洋中；开发优质的文创产品，提高景区服务的附加值；培养一大批优秀的讲解员，传播文化知识，讲好"山西故事"。将自然与人文相结合，将文化与旅游相结合，在提升文化属性的同时，以紧抓自然景观的感官体验为目标，以龙头景区品质提升建设为依托，充分利用山西的气候优势，使游客在欣赏秀美壮丽的自然风光时，感受"康养山西、夏养山西"的独特魅力。

最后，游客的在线评价内容"小群体"分散，反映出山西整体旅游品牌还未形成，旅游市场认知以单独景区为主，各业态的凝聚力不强。打造山西旅游的地域品牌，推广省域范围内品牌形象、口号、标识，有利于提升山西旅游品牌的市场认知度。

第七章　基于文本数据的游客情感挖掘

一、应用目的

一是学会情感分析的模型内容。

二是能够利用模型进行文本数据的情感探索。

三是能应用情感表达的结果解决旅游目的地管理的实际问题。

二、数据重置

本应用案例与第六章采用相同文本数据，数据的收集和清洗过程不再赘述。为分析特定社会背景下游客情感表达的全面影响因素，故对数据进行重置。基于数据清洗之后得到的 10595 条评论（605557 字符），删除与常规旅游情景无关的关键词和评论内容，得到常规语境评论 10470 条，共计583354 个字符。

三、分析模型

刘逸等人基于海量的 UGC 数据对比研究了人工计算模

型（TSE 模型）和六个机器学习模型，在捕捉情感信息的效度差异时，结果发现人工计算模型在稳定性和捕捉精度方面不逊于机器学习模型[39]。旅游情感评估模型 (Tourism Sentiment Evaluation, TSE) 在中国知网发布的 HowNet 词典基础之上，提炼添加了旅游专属情感词库，包括 3507 个正面词汇和 3365 个负面词汇，词库数量丰富，更加适合分析旅游类评论文本。TSE 模型将程度副词、否定副词和转折连词三类词语构建语义规则，为解决大众在社交媒体发表正面观点而获得社会认同的偏差问题，拟定了情感乘数规则，提高了评估结果的准确性。由此本研究采用 TSE 模型进行山西 5A 级景区网络关注的情感挖掘。

四、情感极性探索

将 10470 条常规语境评论导入 TSE 模型，得到每条评论的正、负面词汇及数量，部分评论示例如表 7–1，进而基于分析规则得到每条评论的正、负面得分，计算得出常规语境在线评论的正面、中性、负面评价率分别为 89.6%、3.2%、7.2%（表 7–2）。

表7-1　山西5A级景区常规语境在线评论示例

名称（简称）	词性	评论示例
五台山	正面	周一至周五目前是免景区门票……那时五台山火车站已有接到景区的中巴（每位25元，工作人员挺热情也做了一些讲解）……菩萨顶在众多参观寺庙中印象最深刻……黛螺顶建议下山可以步行，景色也很好……下了黛螺顶有一个小街可以买一些纪念品，比店里便宜很多……五爷庙是所有庙宇中香火最旺的……一路景色也很美……当地人真的很热情，很朴实。
	负面	不是夏季避暑就别浪费时间去这里了，到处都是宰客现象，国庆节刚去过……住店也是态度极差，脏乱差，还非常贵……景区里的僧人都充满了铜臭气，直接问你要香火钱，实在是觉得太不合适才会吐槽，后面我们都是在外面的寺庙和师父们敬佛讲经，要去的朋友一定提前在网上做好攻略！
云冈石窟	正面	云冈石窟……为中国规模最大的古代石窟群之一，列入世界遗产，国家5A级景区。与印度阿旃陀石窟、阿富汗巴米扬石窟并称为世界三大石雕艺术宝库……云冈石窟的造像气势宏伟，内容丰富多彩，堪称公元5世纪中国石刻艺术之冠，被誉为中国古代雕刻艺术的宝库。
	负面	值得一看，已经有很多风化了，很可惜……景区停车比较乱……
皇城相府	正面	在晋东南地区这样的古堡可谓是星罗棋布，然而唯独皇城相府因主人地位显赫以及和康熙皇帝有着关系，如今成为最为著名的一座古堡景点……除石雕和山河楼之外，其实皇城相府中还有不少看点，比如藏在中国字典博物馆中的清代《康熙字典》、金碧辉煌的御书楼、精美绝伦的木雕等都为皇城相府的旅游看点添砖加瓦。

续表

名称（简称）	词性	评论示例
皇城相府	负面	观光游览车根本不去皇城相府，而是把不明就里的游客拉向一个叫"相府花园"的地方，一个非常low的景点。里面有很多塑料景观，是一个卖冰棍和烤肠的地方……这样捆绑销售门票和游览车票的行为纯属欺诈，没有任何提示说观光游览车不去皇城相府，等上当的游客发现了只得再坐车原路返回，浪费了时间和钱。
绵山景区	正面	绵山多巨岩，往往高达数百丈，颇为壮观。这些巨岩的半腰常常向内深凹进去，有如老人抱腹，远远看去深邃如洞，洞内宁静清凉，大雨天时犹如水帘洞一样壮观。每当秋天来到时，满山遍野的花朵争相斗艳，百花盛开，大美无限。放眼望去，红、黄、绿、蓝、黛、青、白、黑等各种颜色映入眼帘，让人心旷神怡，流连忘返。
	负面	差评，学生证不给半价，神坑，不建议来，大家都别来，太坑人……冬天过年去的，人还挺多，景色一般，不值这个票价……服务真的不行，爬了一下午的山，累得要命，结果在乘车下山时，在候车区等了一个多小时都排不到队，累得都没力气吐槽了，服务太差，不配5A级，不建议来。
平遥古城	正面	平遥古城是我国汉民族城市在明朝清代时代的优秀范例，在我国历史文化的发展中，为大家呈现了一幅不同寻常的汉族文化、社会、经济及宗教发展的完整画卷。最开始想来平遥，只不过单纯地想来老城看一看建筑物，互联网上的许多美图，让我隔空感受到了平遥古城建筑物的古色古香与厚重感，它的原始感深深地吸引住了我。现如今亲眼见到了平遥古城，老城内诸多的建筑物的确震撼了我。
	负面	不好，景点分散。景点工作人员服务差，买东西的服务太多，总之，得改进！……不值得去，好的建筑都被私人拥有，改成酒店，不能随便参观。

续表

名称（简称）	词性	评论示例
雁门关	正面	运气超好，去时正好下雪！从南门进北门出。一般都是从哪进就从哪出。一路上真有"北国风光，千里冰封，万里雪飘"的感觉。雁门关给人银装素裹的感觉，美哉！
	负面	到雁门关的交通实在是一个大问题，撇开自驾不说，给普通游客的体验感实在太差……县里本来有巴士可以直达景区，但是据说最近雁门关南门在整修，所以巴士停运了。 南门在修，为啥不能开通去北门的巴士啊？费解……所以像我这样的穷散客只能高价包车去参观咯？
洪洞大槐树	正面	不错，有点儿意思，有趣好玩，景色不错，总体超赞，性价比高，父母来寻根，让他们圆一个梦。小孩子也有点儿能玩的……《大槐树下》演出值得一看，每天上午两场，演员很敬业，表演得真切、自然……地理位置好，有找到家的感觉，导游小姐姐讲解得非常详细。
	负面	洪洞的大槐树景区，让人感到非常的失望。首先是冲着它的大槐树去的，想找寻中华民族的根源。但是去了发现真正的一代古槐已经被洪水冲走了，用一个石碑代替。其他的槐树无论是从规模还是从年代都与期望相差很远。其次它的服务态度也并不是很好，如果你要不请导游，你问导游问题，导游就给你翻个白眼，并不作答。
八泉峡景区	正面	太行山大峡谷八泉峡值得一游，山美水美泉美，服务项目设计周全，一路游下来感觉很轻松，美景尽收眼底……峡谷、清泉、高空缆车，无不奇美震撼……八泉峡的景色非常漂亮，有山有水有泉，非常值得去。

续表

名称（简称）	词性	评论示例
八泉峡景区	负面	5月2日自驾去大峡谷，早上9点从长治市出发，中午11点到达大峡谷所在的山区路段，这时候就开始堵车（走五六米停一下），堵了一个来小时，12点左右先到达游客中心……游客中心距离主要景点还有12公里……3：50到了八泉峡景区停车场门口，6：30到达索道的地方才发现前面排了那么多人，一直排啊排，7：30才能坐上缆车。当时天已经黑了，还偶尔下雨，缆车上看下去乌黑一片，什么景也看不到了……下到山下就晚上8点多了。
云丘山景区	正面	华山天下险，黄山天下奇，云丘天下美，云丘山位于山西乡宁县，来了云丘山才知道什么叫作世外桃源。
	负面	除了冰洞，其他都很一般。游玩要4～5个小时，坐索道也要步行很长时间，很累。景区除80元门票外，中巴、索道、冰洞、电瓶车、玻璃栈道等，都要另外收费，即便不玩其他项目，每人也要至少花费300元，贵！

表7-2　常规语境在线评论情感极性表

	词数	比率
正面评价	9358	89.60%
中性评价	331	3.20%
负面评价	750	7.20%

为验证上述结论的准确性，用每条评论的游客自评分（1分至5分）做对比分析。常规语境在线评论的平均分为4.679分，其中2020、2021、2022三年评分均值依次为4.72、4.61、4.72。结果与TSE模型的评价结果相同。

五、情感差异因素分析

分析正面和负面高频词发现（见表 7-3），游客积极的评论点主要来自景区的资源禀赋的优势，例如"艺术""震撼""精美""宏伟"；而负面评论多出自景区管理水平、经营现状给游客带来的差体验，例如"商业化""堵""破坏""拥挤""垃圾"等，这反映出山西具有独特的人文历史遗迹，旅游资源禀赋优良，但是旅游景区、旅游项目的经营管理水平尚不能满足游客的高品质要求。

表7-3　常规语境下正面、负面评价高频词（前50位）

正面评论		负面评论	
词汇	频数	词汇	频数
不错	3080	一般	286
好	2521	贵	128
好玩	951	商业化	104
有趣	904	不好	95
方便	560	严重	92
感觉	532	遗憾	79
值得一去	447	可惜	67
震撼	412	问题	64
喜欢	320	差	56
完整	302	地下	38
艺术	282	失望	35

续表

正面评论		负面评论	
词汇	频数	词汇	频数
免费	279	随便	33
特色	278	不行	30
完好	264	险峻	29
壮观	251	堵	29
美食	225	破坏	28
挺好	224	有限	25
美	195	后悔	24
好好	173	大同小异	24
著名	159	拥挤	23
棒	149	乱	23
保护	145	麻烦	21
精美	131	差劲	20
干净	125	紧张	19
智慧	120	假	18
希望	120	混乱	17
好吃	120	人山人海	17
古色古香	117	惊叹	16
确实	117	浪费	16
好看	117	垃圾	16
满意	116	不足	16
热情	111	不等	15

续表

正面评论		负面评论	
词汇	频数	词汇	频数
中心	110	普通	15
重要	102	险要	14
便宜	98	难	14
漂亮	96	坑人	14
传统	86	喧嚣	13
自然	83	烦恼	12
详细	80	没意思	12
完全	79	辛苦	12
欣赏	76	挤	12
还行	75	有待提高	11
历史悠久	74	担心	11
价值	74	冤枉路	10
雄伟	73	没用	10
宏伟	72	难吃	9
免票	70	强制	9
丰富	67	迷路	9
有名	64	苍凉	9
气势	64	繁复	9

六、应用结果

将原始数据按照关键词重置之后，得到常规语境下的评论内容，运用 TSE 模型对在线评论的情感极性进行分析发现，正面评价占主导，负面评价较低。正面评价和负面评价的评论对象有所差异，好评多来自景区自身优越的资源禀赋，差评多来自经营和管理方面。

七、应用建议

紧跟市场需求不掉队，提升服务质量水平。当前国民的生活观念、生活方式发生了很多变化，催生了新的出游需求，不再追捧快节奏、走马观花式出游。"近郊""短距离"的需求为城市周边乡村休闲游提供了市场契机，位于交通干道周边的休闲旅游点风生水起；"慢节奏""长停留"的需求要求旅游经营者不能仅满足于所依托的优质自然资源，更需研发丰富精彩的娱乐休闲活动，不仅能招揽客人走进来，更能吸引客人留下来，让旅游不再是"一次性消费"，而是变成"忠诚式消费"。"安静""健康"等需求对出游品质提出了新的挑战，从业人员提升业务素养，各业态提升服务质量水平迫在眉睫，如住宿业更新床品质量让顾客睡得更舒适，租车行业购置新型车辆让游客行得更平稳，餐饮行业研发新菜品让游客吃得更健康美味，旅游景区开发文创产品让游客买得更舒心体面。

第八章　基于视频数据的目的地形象构建

一、应用目的

一是掌握视频分析的技巧和方法。

二是会使用分析工具 Nvivo 软件，完成视频要点的提炼。

三是完成理论建构，将分散的数据要点整合成精练的目的地形象。

二、应用背景

宣传片和短视频是旅游目的地形象传播的重要工具。随着信息技术的发展，视频的传播营销功能显而易见，越来越多的城市和景区开始推进形象宣传片的制作和传播。自媒体的出现和普及，使得各种视频播放平台逐渐成为大众化的一种娱乐路径，它是一种基于互联网时代的新型信息传播机制，是信息获取的新渠道。不断兴起的网红博主以新奇的拍摄方式和独到的剪辑方式来展示他们心目中的城市形象。

对目的地形象的实际感知是人们选择旅游目的地的依据。视频短片因其能够直观地展现城市形象，所以被旅游者作为目的地形象感知的首选资料，从而使得各类旅游景区、旅游企业、旅游组织更加重视旅游视频短片的传播作用。如今最为火爆的短视频 APP——抖音成为城市形象宣传的新窗口。

作为世界四大历史文化名城，西安的旅游业蒸蒸日上，凭借各种美食、汉服文化、诗歌文化等在网络上风靡一时，也由此产生了一批"网红"打卡地，使得西安逐渐走入大众的视野，病毒式传播的短视频内容除西安的名胜古迹外，也包括了当地市井百姓的日常生活风貌。《西安人的歌》作为一首最具影响力的方言歌曲，既反映了西安的古都风采，又展现了西安的新时代面貌。

三、数据处理

本应用案例以西安的旅游宣传片和西安短视频为研究对象。在旅游宣传片的选择方面，需注意以下问题：（1）在爱奇艺、优酷等视频软件中选择西安旅游形象宣传片，多方位下载视频提高全面性；（2）以高播放量和高下载量为筛选条件；（3）对不可下载的视频进行排除。在抖音短视频上输入"西安视频"进行索引。为提高研究结果的客观性和有效性，在视频选择的过程中要注意以下问题：（1）避免抖音短视频依据个人喜好而推荐，搜索之前需重新注册抖音账号；（2）所选视频要以游客或者大众为视角，避免营销号的视频对结果造成影响；（3）为提高所选视频的代表性，点赞量在10000以上。在以上数据收集过程中，对视频进行查验，如出现重复做删除处理，同时保证在同量级水平下做对比分析，最后得到旅游宣传片 35 个，短视频 40 个。

四、分析工具和步骤

（一）分析工具

本应用案例所用的研究工具为 Nvivo11 Plus 版本，作为一种重要的质性研究分析软件，通过节点和编码，能够完成不同格式的文件资料的提炼和萃取，对视频数据的分析和内容扎根具有良好的适用性。

（二）分析步骤

1. 初始编码

初始编码是基于扎根理论而进行的，需要将视频中描述的画面进行提取与抽象。概念性验证和发展初始编码是通过拆解和解读视频内容的过程而得到的。（1）概念化，将视频中所体现的客观存在独立提取编码要素，进而对通俗语言的概括转变为专业术语，形成初始概念名词；（2）概念分类，对概念名词进行提升、剖析和筛查，把同一类属的概念进行联系，研究词语间的关系，形成属于同一范畴的概念丛；（3）对概念丛进一步抽象概括并命名。

2. 聚焦编码

聚焦编码是指通过运用一定的逻辑关系将第一部分所得的初始编码联结在一起的过程。聚焦编码是为了精练和区分范畴，从已有的范畴中筛选出与视频主题相对应的范畴，再根据原始的视频资料，将这些范畴与视频进行联系来检验提取范畴是否真实可靠。通过这个过程继续合并次要范畴，进一步精练主要范畴。形象宣传片和抖音短视频在内容方面侧重点不同，通过对初始编码的进一步概括和凝练来得出两者的差异。

3. 理论编码

理论编码是指选择核心范畴，并把它系统地和其他范畴予以联系，验证各等级范畴间的关系。该过程的步骤包括：（1）分辨出核心范畴来统领概括其他所有范畴；（2）用所研究出来的范畴由表及里地说明全部概念名；（3）通过关系查询并与视频资料的内容进行联系来检验核心范畴与其他范畴的关系。本案例的理论编码遵循的原则：（1）以西安市的悠久历史、旅游景区景点、传统文化、城市化建设、美食文化作为理论编码的建立依据；（2）选择理论编码时必须遵循准确性、认同性、导向性原则；（3）理论编码的选择必须坚持从视频内容出发，坚持从研究者的角度来判断宣传片和短视频所体现的城市形象。

五、分析过程

（一）宣传片表征内容分析

1.初始编码分析

初始编码是对宣传片所体现的内容进行概括以形成概念名词，按照扎根理论的研究方法论，需要回归到视频本身，对所记录的概念名词加以逐级缩编，用精简的名词来反映视频所体现的内容。对这些名词进行检验、重新综合，直到所概括的名词可以完全反映视频内容并不会出现新的名词。例如"都市高楼建筑""城市夜景""霓虹灯""居民住宅楼"等。

2.聚焦编码分析

聚焦编码不是要把初始的概念名词进行互相的联系来构建一个框架理论，而是要进行进一步的发展范畴，只不过比初始编码的维度和性质更进一步。第一步中提炼出来的初始编码概念名词基本代表了西安旅游形象宣传片所展示的内容，因此，这一步仅存在"视频—概念—范畴"的逻辑关系，不存在"因果关系—现象—脉络"的关系，为此我们得到了"都市环境""自然环境""宗教文化""大唐歌舞""手工艺品""戏曲文化""民俗文化"等23个聚焦编码。

3. 理论性编码分析

通过对所得到的聚焦编码进行考察，发现"都市环境""文化艺术""休闲娱乐""城市形象""悠久历史""旅游景区景点""配套设施""社会环境""美食之都"是对西安旅游宣传片的视频内容的集中反映。"戏曲文化""宗教文化""大唐文化""民俗文化"是对西安的文化艺术的整体体现，诠释了西安的文化底蕴，有城市漫长岁月中积淀的戏曲秦腔，有黎民百姓生活在蹉跎岁月中传承的民风民俗，这些无不展现了西安的文化魅力。"城市环境"是对西安的都市环境和自然环境的集中反映，它诠释了西安在"回归自然、和谐自然"的初心下仍然不断完善城市化建设的行动。

表8-1　宣传片视频表征内容编码表

理论编码	聚焦编码	初始编码	频数	频率（百分比）
城市环境	都市环境	都市高楼建筑	6	3.73%
		城市夜景、霓虹灯	3	1.86%
		居民住宅楼、小区	3	1.86%
	自然环境	山水	5	3.12%
		冬景下的公园	1	0.62%
		城市绿化、绿植	3	1.86%
		黄河	2	1.24%
		珍稀动物	1	0.62%
		湿地公园	4	2.49%

续表

理论编码	聚焦编码	初始编码	频数	频率（百分比）
文化艺术	宗教文化	古佛教寺院	2	1.24%
		天主教堂	1	0.62%
	大唐歌舞	《长恨歌》歌舞表演	3	1.86%
	手工艺品	剪纸木雕皮影	2	1.24%
	戏曲文化	戏曲表演、秦腔	7	4.35%
	民俗文化	茶艺	1	0.62%
		民俗表演	7	4.36%
		城墙灯会	4	2.48%
休闲娱乐	健康生活	骑行、马拉松、打太极等	4	2.49%
	文艺表演活动	西安春晚	1	0.62%
		国际音乐节、电影节	3	1.86%
城市形象	网红城市	网红打卡地	2	1.24%
		不倒翁小姐姐	1	0.62%
	爱国情怀	红色书籍	1	0.62%
		西安事变	1	0.62%
	开放包容	国际交流	3	1.86%
		海外游客云集	7	4.36%
悠久历史	历史文化名城	世界四大文明古都之一	2	1.24%
		西安府	1	0.62%
		十三朝古都的帝王伟业	3	1.86%
	遗址遗迹	大明宫遗址	3	1.86%
		大雁塔遗址	7	4.36%
	珍贵文物	陕西历史博物馆藏品	3	1.86%

续表

理论编码	聚焦编码	初始编码	频数	频率（百分比）
旅游景区	5A级景区	大雁塔	4	2.48%
		大唐芙蓉园	4	2.48%
		华清池	4	2.48%
		秦始皇兵马俑	9	5.60%
		华山	5	3.11%
	网红打卡景点	大唐不夜城	6	3.73%
		城隍庙、回民街	2	1.24%
		钟楼、鼓楼	7	4.35%
配套设施	住宿设施	高端酒店	3	1.86%
		民宿	1	0.62%
	交通设施	城轨、高速、国际机场、高铁	5	3.11%
社会环境	高等教育	西安交大、西安工业大学	2	1.24%
	经济产业	制造业	1	0.62%
		电子行业	1	0.62%
		汽车行业	1	0.62%
	科技创新	航天研究所	1	0.62%
		高新电子科技	1	0.62%
美食之都	经典西安美食	油泼面、肉夹馍、凉粉等	7	4.35%
总计			161	100%

本应用案例将某一初始编码的概念名词出现的次数表现为它的频数，频率则是其频数占概念名词总数的百分比。

在西安宣传片的编码过程中共提取 161 个概念名词，在对视频资料进行自由节点编码中，"城市环境"的频率为17.40%，"文化艺术"的频率为 16.77%，"旅游景区"的频率为 25.47%，"配套设施"的频率为 5.59%，"美食之都"的频率为 4.35%，"悠久历史"占比为 11.80%，"休闲娱乐"的频率为 4.97%，"城市形象"的频率为 9.32%，"社会环境"的频率为 4.34%。如表 8-1 所示。

从频率来看，宣传片的主要内容集中在城市环境、旅游景区、文化艺术、悠久历史等方面。城市环境方面着重描述都市环境和自然环境，都市环境包括城市的高楼建筑、新式的居民楼建设、城市化建设，西安的自然环境，包括城市的绿化、自然山水、湿地公园等。文化艺术方面重点描述民俗文化、西安的戏曲和秦腔表演。城市形象方面由网红打卡地、大唐不夜城不倒翁小姐姐来表现西安作为一个网红城市的新形象，它不仅是帝王伟业、皇朝荣光的历史名城，更是不断与时俱进的时尚都市；国际交流、海外游客云集体现西安海纳百川的气魄和开放包容的国际城市形象。在旅游景区方面，宣传片集中于将秦始皇兵马俑和西岳华山作为代表景点进行大量的描述；新兴的网红景点大唐不夜城也成为西安宣传片拍摄的必选景点。由此可见，文化呈现是西安宣传片拍摄的主要内容。值得注意的是，宣传片的拍摄不仅是从目的地主人的角度去传达西安的城市形象，也可从对外国游客的热心帮助、红色书籍等不同角度反映西安多面的城市形象。

（二）短视频表征内容分析

1.初始编码分析

参照宣传片的表征内容概括方法，对 40 个抖音短视频进行视频内容的初始编码凝练，得到 45 个能够进行理论研究的概念，并对这 45 个概念进行进一步的检验，直到所凝练的概念能够全部概括视频的表征内容且不会出现新的概念名词。例如："蓝天白云""绿地森林""花海"等在视频内重复出现的表征内容，将这些概念名词与视频内容反复进行检验并形成初始编码。

2.聚焦编码分析

聚焦编码是对初始编码进行的进一步聚类分析，将相互独立的概念名词建立关联，形成更大的类属，经过对原始视频的反复播放，对这 45 个概念名词进一步提炼，得到 17 个聚焦编码。例如，西安"网红时尚"的城市形象由网红小酒馆、网红咖啡厅、网红餐厅、风靡一时的"毛笔酥""摔碗酒""麻将牌"等网红必点美食以及体现大唐韵味的不倒翁小姐姐等构成。"文物古迹"由世界四大历史文化名城、遗址公园、西安古城墙、古观音禅寺和众多博物馆藏品构成。

3.理论编码分析

理论编码是在更高的抽象水平上进一步进行聚焦编码，

从而找出核心范畴的过程。通过对17个聚焦编码的凝练和检验，得到"自然生态环境""传统文化""休闲娱乐""城市形象""悠久历史""旅游景区""配套设施""社会环境""美食文化"9个理论编码。在精神文明不断提升的当今社会，旅游者外出旅游不仅仅是追求现代都市发展所带来的物质层面的满足，还更加倾向于历史文化底蕴深厚、城市环境绿色友好的和谐发展型新都市。

在对短视频的编码过程中，共得到140个概念名词，"自然生态环境"频率为8.57%，"传统文化"的频率为5%，"休闲娱乐"的频率为2.14%，"城市形象"的频率为20.71%，"悠久历史"的频率为13.57%，"旅游景区"的频率为28.57%，"配套设施"的频率为5.71%，"美食文化"的频率为6.43%，"社会环境"的频率为9.3%。从频率来看短视频的内容主要集中在城市形象、悠久历史和旅游景区这三方面，如表8-2所示。

表8-2　短视频表征内容编码表

理论编码	聚焦编码	初始编码	频数	频率（百分比）
自然生态环境	蓝天	蓝天白云	1	0.71%
	植物	绿地森林	3	2.14%
		花海	1	0.71%
		寺庙内的千年古银杏树	2	1.43%
	江河湖泊	湿地公园、河流	5	3.58%

续表

理论编码	聚焦编码	初始编码	频数	频率（百分比）
传统文化	佛教文化	禅道	1	0.72%
		佛经	3	2.14%
	传统手工艺品	剪纸木雕、唐装、汉服	3	2.14%
休闲娱乐	健康养生活动	滑冰、太极、广场舞	3	2.14%
城市形象	网红时尚	网红小酒馆	3	2.14%
		网红咖啡厅	2	1.43%
		毛笔酥、摔碗面、麻将牌	4	2.86%
		不倒翁小姐姐	6	4.29%
		网红餐厅	3	2.14%
	国庆庆典	国庆庆典	1	0.71%
		国庆灯光秀	1	0.71%
	开放包容	远赴千里的外国游客	7	5.00%
		国际性论坛	2	1.43%
美食文化	美食	网红美食、裤带面、羊肉泡馍、肉夹馍、凉皮、大盘鸡、牛肉粉	9	6.43%

续表

理论编码	聚焦编码	初始编码	频数	频率（百分比）
悠久历史	文物古迹	世界四大历史文化名城	3	2.14%
		遗址公园	3	2.14%
		西安古城墙	3	2.14%
		钟楼鼓楼	5	3.56%
		古观音禅寺	2	1.43%
		众多博物馆藏品	3	2.14%
旅游景区	5A级景区	秦始皇兵马俑	6	4.29%
		大雁塔	7	5.00%
		华清池	3	2.14%
		大唐芙蓉园	3	2.14%
		华山	4	2.85%
	网红景区	诗经里	6	4.29%
		白鹿仓	6	4.29%
		音乐喷泉	2	1.43%
		东西街、回民街	3	2.14%
配套设施	住宿设施	西安W酒店	1	0.72%
		网红民宿	2	1.43%
	旅游交通	307路公交	1	0.71%
		直达景区地铁	3	2.14%
		西安火车站	1	0.71%

续表

理论编码	聚焦编码	初始编码	频数	频率（百分比）
社会环境	高等学府	西安交大	2	1.43%
		西安工业大学	3	2.14%
		西安外国语大学	2	1.43%
	科技	电子信息技术	4	2.87%
		高新技术区	2	1.43%
美食文化	美食	网红美食、裤带面、羊肉泡馍、肉夹馍、大盘鸡、牛肉粉	9	6.43%
总计			140	100%

"城市形象"方面"网红时尚"形象占比为 12.86%，"网红咖啡厅""网红餐厅"、不倒翁小姐姐等在抖音的推动下，成为西安旅游打卡的必选之地，"网红"一词成为西安的又一个代名词。"旅游景区"中，秦始皇兵马俑、大雁塔、华山等 5A 级景区历来是西安旅游的必选之地；"网红景区"占比 12.14%，网红景区诗经里、白鹿仓等的出现，不但满足了旅游者的好奇心，也成为旅游者争相打卡之地。"配套设施"中，短视频不再过多关注飞机、高铁等大型的交通工具，而是集中于 307 路公交、直达景区地铁、西安火车站，由此可见，旅游者更加关注于在旅游过程中的交通便利性和实用性。"美食文化"中，除了西安经典美食羊肉泡馍、凉皮、肉夹

馍，短视频还多次描述网红美食毛笔酥和深藏市井中的牛肉粉、大盘鸡等。在"盛世长安"向"网红西安"转变的同时，唐风华韵的长安古城、可怜焦土的阿房宫、恢宏的秦始皇兵马俑依然是西安的标志，世人心中的西安印象更加立体饱满。

（三）对比分析

宣传片作为一种传统的宣传方式，是一个城市对外展示的窗口，是一个城市形象最权威的体现，而短视频平台的开放性使得城市形象传播的方式更加多元化、多渠道、多视角，经过短视频传播，西安的城市形象在人们心中更加立体和饱满。短视频和宣传片的相同点表现在两者都从城市的环境、文化艺术、休闲娱乐、城市形象、悠久历史、旅游景区、配套设施、社会环境和美食文化等几个方面来全方位地展现西安的城市形象，利用动态的画面更加形象直观地展现西安的魅力与活力。

当然，宣传片和短视频存在诸多不同。首先，拍摄和发布的主体存在差异。宣传片多是在官方的带领下拍摄，讲究专业性和技巧性。短视频的拍摄和发布主体非常多样化，任何一个人都可以成为拍摄者和发布者，拍摄技巧要求不高，视角也不受限制。其次，视频的内容不同。宣传片的重点在于全方位地宣传城市的正面形象，包括城市环境、历史文化、现代化都市建设、城市的旅游资源和配套设施等，目的在于向旅游者全方位地展示城市形象并吸引旅游者，以增加旅游收入。短视频的内容会受到时间的限制，所展现的题材有限。除城市环境、历史文化、社会环境外，短视频的内容还包括了市井街道和百姓生活风貌。网红景区、网红活动、网红城市、网红打卡地已成为抖音一大宣传热点，也成为旅游者感知的新视角。最后，使用的主体不同。宣传片具有权威性、积极性，在自媒体尚未高速发展时，宣传片是旅游者感知目的地形象的主要渠道，而如今抖音短视频为旅游者对目的地形象的感知提供了新的方式和视角。

六、分析结果

本文在旅游目的地形象理论框架下，运用质性分析软件Nvivo11将宣传片和短视频的表征内容进行对比分析，得到以下结论。

第一，短视频和宣传片在视频内容方面存在相似的结构，城市环境、文化艺术、休闲娱乐、城市形象、悠久历史、旅游景区、基础设施、社会环境、美食文化构成了视频的核心内容，两种视频都涵盖了旅游目的地形象中的认知要素，各要素共同作用以增强公众对旅游目的地的了解和认知。

第二，宣传片和短视频存在不同之处。宣传片是对城市的整体形象进行表现，从官方的视角向公众传达目的地形象，旅游者所感知的内容仅限于视频所传达的信息。短视频则更加符合公众的认知需要和信息诉求。

第三，宣传片的传播渠道主要局限于电视媒体、网站和视频 APP，短视频因其时间短、新奇有趣、碎片化的传播方式，能够让公众在潜移默化中感知目的地形象，更符合网络时代大众的需求，同时也能够满足大众求异、猎奇的心理。

另外，短视频所表现的趣味性和新鲜感，也从侧面传递了旅游目的地的城市形象。与宣传片相比，短视频的制作手法和表现方式更加充满新奇的创意和张力。

七、分析建议

无论是旅游宣传片还是短视频，要想制作一部优秀的旅游形象视频短片，必须基于以下两点：第一，为了不断增强旅游者或潜在旅游者对目的地的了解和认知，要提高目的地信息的传播效率；第二，要借助有力的表征内容，唤起旅游者或潜在旅游者对该目的地的积极情感。对旅游目的地形象来说，宣传内容的总体均衡性和视角多元化的合理性是视频短片成功的关键所在。宣传内容的多元化和有机融合，决定着视频短片能否有效吸引旅游者，进而成功塑造目的地形象。

所以，宣传片在制作的过程中，要吸收短视频的优点，从游客视角出发，满足旅游者的心理和行动需求。短视频的制作要提高宣传内容的真实性和积极性，注重长久的经济效益，正确看待网红效应。总而言之，视频短片的制作要在积极宣传城市形象的前提下，充分尊重旅游者或潜在旅游者对目的地形象感知的需求和规律。

第九章　基于图片数据的形象 差异分析

一、应用目的

一是掌握图片数据分析的技巧和方法，能识别图片表达的要素；

二是会使用分析工具 Nvivo 软件，完成图片要素的提炼；

三是能够应用分析结果，明确目的地投射形象和感知形象的差异，并提出构建精准形象的建议。

二、应用背景

（一）现实背景

旅游活动是一种人们前往异地进行的独特视觉体验，照片在其中充当了非常关键的角色。自大众旅游流行以来，摄影就一直与其形影不离，而作为照相的工具——照相机在各国人民的旅游活动中就成为必不可少的随身工具之一。正如柯达公司的广告语曾经这样写道："不带相机出行的度假不是度假。"摄影图片，对旅游者来讲是独特旅行经历的见证，对目的地营销者来说是不可或缺的营销方法。

在传统媒体环境下，旅游目的地形象主要由目的地营销者通过宣传片、广告、电视电影、旅游宣传册、书籍等方式向潜在游客推广。在人们手中都拥有相机或者智能手机的现代社会，每个人都可以用照片记录旅行的足迹，旅游与照片逐渐变得难以分割。随着互联网的普及，各大旅游分享类网站平台如雨后春笋般出现、成长、蓬勃发展，促使旅游者利用这些网络平台分享自己原创的内容，进而刺激了"由用户产生的内容"这一概念地逐渐兴起，其中，图片凭借其清晰明了传递信息的优势一举成为 UGC 中信息载体的中坚力量。潜在旅游者对旅游目的地形象的定义不再单纯依赖营销者的推广，还会受到旅游者通过旅游分享平台生成的数据的影响。若两方传达信息差异较大，必然会造成潜在旅游者对旅游地的认知不清，引起其抵触之心，进而影响他们的决策行为。

（二）理论背景

1. 旅游目的地形象

众所周知，旅游目的地形象是旅游目的地吸引旅游者和创造地方识别的核心因素，旅游目的地竞争优势也来源于此，它以独特的方式影响着旅游者对目的地的选择和行为。在以往研究中不难发现，容易获得旅游者青睐的旅游目的地的形象往往是独特而富有吸引力的，这样的形象更易为旅游目的地扩大市场占有率，获得更高的经济利益。景区旅游形象的研究对景区的科学发展有非常强的助力作用，可以促进运营过程中各参与主体和要素的优化配置，有效规避旅游开发中的偏差和风险等问题。从供求两个不同的角度看，投射形象和感知形象共同组成了旅游目的地的整体形象。投射形象指的是旅游经营商通过各种营销手段试图在潜在旅游者心目中建立的形象；感知形象则指的是潜在旅游者和现实旅游者对旅游目的地产生的认识和印象。旅游地竞争力的强弱被二者的关系所共同决定。投射形象越接近感知形象。则旅游目的地的营销活动越成功，建立的目的地整体形象就越有说服力。

2. 旅游凝视

旅游凝视是一种特定的旅游体验，指的是旅游者在旅行过程中对景观、文化、历史等方面进行深度思考和感悟的过程。这种凝视不仅仅是简单的观赏和欣赏，而是通过对所见所闻进行反思和探究，从而获得更深刻的体验和领悟。约翰·厄里的著作《旅游凝视》一书中曾经提到，摄影与旅游凝视的关系是相互依存、不可分割的，旅游者通过摄影图像的方式把自身对目的地的期待和幻想有机的结合成一个整体。旅游者结束该次旅游后，他们会通过图像回忆凝视过的景物。旅游者在进行旅游活动中会对拍摄活动的主体进行自主选择，那么摄影图像的获取便成为旅游体验中最重要的组成部分。旅游者在分享自己关于旅游目的地的所见所闻时，主要手段是通过所拍摄的摄影图像以及围绕图像所形成的文字，这样旅游凝视也被卷入摄影图像的快速流通之中。这印证了厄里关于摄影与旅游在理论和实践的双重方面下都是不可分割的观点。摄影是物化的旅游凝视，厄里认为视觉感受在以凝视为核心的旅游体验中起着支配性的作用。摄影作为旅游凝视循环再生产的中心动力，脱离了摄影，现代旅游便随之消失。旅游中的事物通过影像的传播，可以使景观意象变成被凝视的最重要的部分，故旅游意象最直观明了的表达就是摄影和照片了。

（三）研究对象

以杭州西湖风景名胜区为研究对象。

杭州西湖风景名胜区地处浙江省杭州市，旧称"钱塘湖""西子湖"，宋代始称西湖。作为国家 5A 级风景名胜区之一，其有"南宋西湖十景""新西湖十景""三评西湖十景"之说。自古以来与西湖有关的白蛇传、梁山伯与祝英台、苏小小等传说和神话故事在民间家喻户晓，更先后有白居易、柳永、苏东坡等著名诗人、词人在此地留下朗朗上口的诗词佳句。西湖以其独特的景观和丰富的文化遗产，备受众多历史文人的青睐，留下了《西湖梦寻》《西湖集览》等文学作品和《四景山水图》《西湖图》等美术作品，在我国知名度非常高。

三、数据处理

官方宣传图片来源途径有两种。第一，在百度搜索引擎中搜索"西湖官方网站"，除去后标"广告"的推广性内容，按照搜索结果排序，结合本应用案例研究目的，最终选择出了两个杭州西湖旅游的官方网站——"杭州西湖风景名胜区管委会""西湖游览网"；第二，在微信 APP 中可以搜索到名为"杭州西湖风景区"的微信公众号。经过浏览，三个官方网络宣传平台可以满足本研究需要的图片。官方宣传图片共搜集到 364 张，排除图片大体相似等原因不能使用的图片共 72 张，共分析了 292 张官方宣传图片。

UGC 图片来源为马蜂窝网站上公开发表的关于杭州西湖风景区的网络游记及攻略。由于马蜂窝的网络游记多达 159 篇，每篇各有数目不等的图片，所以设定图片来源时间在 2018 年 12 月至 2019 年 12 月期间，分为 4 个阶段，开展研究数据的获取和分析工作，每个阶段的游记数量及游记照片如表 9-1 所示。对网络游记的数据和理论编码是一个不断重复和循环的工作，直到游记中的图片不能再提供新的信息为止。UGC 图片共搜集到 626 张，排除人像对景物遮挡过多、图片大体相似、模糊不清等原因不能使用的图片共 196 张，共分析了 430 张 UGC 图片。

表9-1　UGC图片样本量搜集情况表

时间段	游记和攻略中的照片数
2018年12月—2019年4月	110
2019年3—5月	205
2019年6—8月	133
2019年9—12月	178

四、应用过程

（一）样本分类与处理

样将通过网络收集到的 722 张图片数据进行依次分组及编号。分组依据为照片的出处、照片反映的时间与空间特征等，拟用三个部分组成图片编号。第一部分，用字母 G 代表官方宣传图片，用字母 U 代表 UGC 图片；第二部分，用字母 S、M、A、W 分别表示图片所反映出的春、夏、秋、冬四个季节；第三部分，接数字排序。处理结果是搜集到的每张图片对应编号为"G–S–1"格式。

（二）照片编码的节点类目说明

首先，在 NVivo 12 中创建"UGC 图片分析"项目与"官方宣传照片分析"项目，然后将两类网站的样本图片分别导入至各自项目，为使样本照片的类属关系得到凸显，需要对其内容元素进行开放式编码，并定义每一个不同的编码类属，例如苏堤春晓、曲苑风荷、龙井问茶等，将其标记为自由节点。由于照片自身包含要素较多，将其内容"分散"成多个要素编码到几个节点中去，但每张照片被"分散"的节点至多 4 个。在对所有照片自由节点编码完成后，需进一步谛视节点之间内在关联的概念与内容，之后对自由节点进行归类与合并，同时完成提取中心意义主题的环节。所有环节结束后开始主轴编码，即：自由节点整合成树状节点，最后得到

11 个不同类别的树状节点（如表9-2）。

表9-2　图片节点类目说明

树状节点	自由节点	参考点描述
南宋西湖十景	苏堤春晓、曲苑风荷、平湖秋月、断桥残雪、柳浪闻莺、花港观鱼、雷峰夕照、双峰插云、南屏晚钟、三潭印月	照片中的主要焦点展现了西湖十景中一景或景中部分
西湖新十景	云栖竹径、满陇桂雨、虎跑梦泉、龙井问茶、九溪烟树、吴山天风、阮墩环碧、黄龙吐翠、玉皇飞云、宝石流霞	照片中的主要焦点展现了西湖新十景中一景或景中部分
三评西湖十景	灵隐禅宗、六合听涛、岳墓栖霞、湖滨晴雨、钱祠表忠、万松书缘、杨堤景行、三台云水、梅坞春早、北街梦寻	照片中的主要焦点展现了三评西湖十景中一景或景中部分
人物活动	乘坐游船、人物绘画等活动	照片中的主要焦点展现了乘坐游船或人物绘画等活动
食物	食物	食物是照片的一个主要焦点或者之一
休闲娱乐与表演	文艺表演、当地人休闲娱乐行为	景区为游人提供的文艺表演及当地人在西湖景区内的休闲娱乐活动等
雕塑	雕塑	照片的主要焦点是雕塑

续表

树状节点	自由节点	参考点描述
建筑	特色亭子、桥梁	照片其中一个焦点展示了特色亭子或桥梁的内容，断桥编入"断桥残雪"，不在此处
动植物	植被、动物	动植物应为特写式的或者照片的主要焦点，大面积植被不被算在内
城市风光	高楼大厦、城市街道	照片其中一个焦点展示了高楼大厦或城市街道
旅游支持系统	旅游基础设施、饭店及其服务、旅游纪念品商店与商品	照片的其中一个焦点与旅游服务系统和旅游基础设施系统有关

（三）照片节点类目间差异分析

全部照片的树状节点编码工作完成后，使用 NVivo 12 自带的统计功能将官方及 UGC 平台下的树状节点频率分别作出统计（如表 9-3）。分别剖析两类平台的各树状节点，得到以下四条结论。

1. 南宋西湖十景仍为杭州西湖景区的"名片"

南宋西湖十景在官方宣传图片和 UGC 图片中树状节点数分别为 128、146 个，分别占比 28.635%、24.957%，在两类图片中数量及占比均为最多。由此可知，南宋西湖十景独得景区官方宣传者和来此地旅游者的青睐。

2. 三评西湖十景成为杭州西湖新秀

在 11 个树状节点中，官方宣传图片中占比第二的为三评西湖十景（18.792%）。作为新兴的宣传点，官方宣传者对其抱以重视态度，希望其能迅速在旅游者心中占领一席之地，成为杭州西湖新的象征，丰富西湖目的地形象。UGC图片中占比第二的同样为三评西湖十景，且占比较重（22.735%），但在分析时发现UGC图片在三评西湖十景中，主要集中在灵隐禅宗、岳墓栖霞，也就是集中表现灵隐寺和岳飞墓两个景点，少部分表现了梅坞春早和北街梦寻，而其他6个景象鲜少展现。三评西湖十景已成为杭州西湖景区"新秀"，但离成为杭州西湖"名片"还有很长一段距离。

表9–3　节点频率

树状节点	官方宣传图片树状节点	官方宣传图片节点比例（%）	UGC图片树状节点	UGC图片节点比例（%）
南宋西湖十景	128	28.635	146	24.957
西湖新十景	55	12.304	69	11.795
三评西湖十景	84	18.792	133	22.735
人物活动	15	3.356	3	0.513
食物	10	2.237	9	1.538
休闲娱乐与表演	34	7.606	15	2.564
雕塑	4	0.894	20	3.419
建筑	22	4.922	39	6.667
动植物	68	15.213	95	16.239
城市风光	15	3.356	18	3.077
旅游支持系统	12	2.684	38	6.496
总计	447		585	100%

3. 西湖新十景很少被提及

无论是官方宣传图片，还是 UGC 图片，西湖新十景都很少展示，展示出来的内容多集中在"龙井问茶"一景中，主要得益于西湖龙井茶的知名度。西湖新十景要在游客心中形成感知形象还有很长的一段路要走。

4. 旅游支持系统及娱乐表演方面差异较大

在 11 个树状节点中，官方宣传照片与 UGC 图片差异较大的是"休闲娱乐与表演""旅游支持系统"。在官方宣传图片中，很容易可以看到关于"印象西湖"演出的内容，而在 UGC 图片中较难找到。"旅游支持系统"包括旅游基础设施、饭店及其服务、旅游纪念品商店与商品等内容，在官方宣传照片中多侧重表现具有纪念意义的商品，对旅游基础设施仅略有涉及，饭店及服务的展示更是少之又少；而在 UGC 图片中三方面都有展现，表现了旅游者在旅游过程中拍照是以记录为目的。

总的来说，官方宣传照片与 UGC 图片在旅游目的地形象认知中均倾向于用"南宋西湖十景"来描绘西湖。"三评西湖十景"与"西湖新十景"在官方宣传照片节点占比排序相同，均为第 2 位；在 UGC 图片节点占比排序也相同，为第 4 位。以上分析在一定程度上说明了官方在进行宣传推广活动时，会严谨和悉心地筛选每一张照片，以期它能够全方位、多角度地展现杭州西湖景区；而以记录旅程为目的的旅游者会带有较强的随机性和个人主观偏好来审视旅游照片，然后将照片上传至各类网络分享平台。

（四）照片内容的时间分析

为完成此部分分析，拟用春、夏、秋、冬四个季节作为照片拍摄时间的划分依据。为推断准确，需要结合照片上所注明的时间、照片相关的文字描述或是照片的其他可以表明时间的内容要素等信息来进行每张照片拍摄时间的具体判断，完成样本数据季节的分类。若通过这些信息仍旧无法确定具体拍摄时间，该类照片将被排除在外，不作为样本数据进行参考。那么得到的样本数据容量为 676 张照片，其中官方宣传照片可以确定拍摄时间的为 298 张，而 UGC 可以确定拍摄时间的照片为 378 张（如表 9-4）。

表9-4　照片的拍摄时间

季节	官方照片数	百分比（％）	UGC照片数	百分比（％）
春	74	24.832	107	28.307
夏	78	26.174	84	22.222
秋	75	25.168	92	24.339
冬	71	23.826	95	25.132

从照片的拍摄时间上可以看出，官方宣传照片的季节时间并无明显差异，官方宣传者希望在宣传营销上展现杭州西湖的四时之景，丰富旅游形象。UGC 图片在春季所占比重略高于其他三季，但差别不大。在旅游者眼中，春季万物复苏，

百花斗艳，照片数量上会略高于其他三季，但不会有明显淡旺季之分。

（五）照片表现手法分析

摄影作品中包含的要素不只是图像展现出来的内容，还有其他如构图、聚焦、光线等表现手法。照片可以展现某种情感或表露主观意识，其特殊的表现手法便能侧面体现摄影者的主观意识。为了更深层次地探究 UGC 图片与官方网站宣传图片对杭州西湖形象感知产生的不同作用，本研究除分析了两类照片的内容之外，对其表现手法也进行了抽样对比分析（如表 9-5）。

1. 两类图片观察位置差异分析

景别是摄影中重要的造型手段之一。在旅游照片中，景别也是最显而易见的要素，反映拍摄者与拍摄对象之间的实际距离。对官方宣传照片与旅游摄影照片进行景别分析，可以发现，受到官方青睐的多是远景系列景别，而旅游摄影照片所垂青的景别则展现出多样化，既包括体现整体美感的远景系列景别，又体现具有微观视角的近景系列景别。这种不同除了与两者之间的距离有所关联外，也与拍摄焦距息息相关。经过对比发现，官方照片意在展现杭州西湖全景式的自然美感，故拍摄上多使用短焦距镜头（即广角镜头），虽有少量长焦距镜头，但也只是在拍摄动植物上有所使用，而非展示整体形象；而旅游者的摄影照片多使用正常的焦距来客观地展现旅游途中所见到的物象，以记录自己的旅程。从拍摄角度来看，官方宣传照片的拍摄位置常常通过景区内公认的"最佳拍摄点"得到，拍摄角度多种多样，俯拍占有大量比例；而旅游者摄影照片拍摄角度则多见于平拍，有少部分仰拍，鲜少见到俯拍。

表9-5　照片表现手法分析框架

指标			概念/操作性定义
观察位置	景别	远景	拍摄者和拍摄对象之间的实际距离
		中景	
		近景	
		特写	
	焦距	长焦距镜头	在不改变拍摄距离的前提下，缩短拍摄者与拍摄对象之间的距离
		标准镜头	正常的焦距
		广角镜头	可以拍摄广阔的范围
	拍摄角度	仰视	相机的角度，即相机与视野中的人物或物体间的水平高低关系
		平视	
		俯视	
对其他元素的运用	构图	对称	指拍摄对象处于整个照片的中央，其两侧相似或者相同
		不对称	被拍摄的对象处于照片框架的一侧
	聚焦	深焦	所有事物都在焦点上，阅读者可以自由选择关注照片中的任何一部分
		选择性聚焦	指部分事物在焦点上，其他事物失焦

2. 两类图片对其他元素运用的差异分析

构图、聚焦、光线等元素在一定程度上影响着拍摄者所拍照片透露的美感，因此不同的要素选择与应用显得尤为重要。在构图的选择上，官方宣传照片能够灵活运用对称或不对称的手法，让旅游者迅速注意到图片的主体，且让图片更加和谐且具美感；UGC 图片则更倾向于记录和写实，一般只采用对称的方式记录主要景物。在聚焦方面，官方宣传照片在使用长镜头时往往会选择深焦，将杭州西湖进行全景式展现；或在使用长焦距镜头时会选择性聚焦，将焦点对准在需要展现的事物上。UGC 图片对聚焦往往只选用深焦来拍摄，将眼睛所看到的每一部分都记录在照片中。官网构造出来的一般是完美无瑕的台前照，而旅客其实不太在乎照片是否完美，反观他们的照片会发现其更加"接地气"，隐含了旅客想要看到完美外衣下更为真实的生活的愿望。

在表现手法中，官网宣传图片与 UGC 图片有众多不同之处。在曾经游览过的旅游者心中形成了对目的地印象的差异，也为未曾游览过的潜在旅游者造成一定程度的认知差异。

五、应用结果

本应用案例以选取杭州西湖景区官网图片与游览过杭州西湖景区的游客发表在网络上的摄影图片为切入点，使用多种方法对比两类摄影照片的异同点，评估两者对旅游目的地感知维度的差异。研究结果表明：其一，两类摄影照片在展示内容方面有差异但不大，南宋西湖十景因为知名度高而成为游客心目中杭州西湖的代表，三评西湖十景成为营销者宣传的新热点，但在游客心目中还没有形成相应的感知形象。其二，从照片内容的时间上看，UGC 照片的数量在春秋两季有小幅增长，但涨幅不大，说明西湖并无明显的淡旺季之分；而在官方宣传照片的数量中，四季并无太大差别，说明在时间段中投射印象与感知印象相一致。其三，表现手法上，官方宣传照片与 UGC 照片存在较大差别。官方宣传照片对拍摄的景别、焦距、角度和构图等方面要求更高，这是因为官方宣传照片拍摄、处理与发布均拥有专业摄影师及图像处理团队在幕后进行各种各样的工作。官方试图使用完美无瑕的摄影照片来向旅游者投射杭州西湖的尽如人意，从而创构出一个充满诗情画意、美轮美奂的西湖形象。而另一方面，因为旅游者的拍照水平与审美能力千差万别，致使 UGC 图片具有非常大的差异性，且倾向于主观色彩，而这些丰富多样的照片也在偶然或必然中介入到了杭州西湖旅游形象的建构过程之中。

六、应用建议

为使景区的投射形象与感知形象的差距尽可能缩小，首先，官方宣传者在满足旅游者想象需求的同时，应着力于将景区更为真实的一面展现给旅游者；其次，选出景区更多的营销热点进行全方位的推广营销，尽可能使景区形象在以前的固有"名片"中注入新鲜血液,丰富旅游目的地形象,将旅游目的地完整真实的形象投射在旅游者心中;最后,景区管理者应该从景区的景观设计、最佳摄影位置、增加宣传栏内摄影技巧的宣传等方面影响游客的摄影行为,进而影响UGC图片的质量,为潜在旅游者投射一个更加美好真实的旅游目的地形象,影响其出游决策。

第十章　游客用户画像研究

一、研究目的

一是了解用户画像的基本维度。

二是利用八爪鱼、Rost、PaddleHub 等工具分析文本数据，探索用户画像。

三是能实现用户画像各维度的可视化。

二、研究背景

用户画像作为实际用户的虚拟代表，在酒店、旅游目的地寻找目标用户、匹配用户诉求与产品设计等方面行之有效，可以聚焦旅游产品的服务对象，让服务过程更加专注，并且能够提高旅游企业的营销决策效率，实施精准的营销推送。研究酒店的用户画像可以帮助酒店发现用户关注点，改进产品或服务，通过精准营销来吸引顾客消费。

HOTELS 杂志年度全球酒店集团排名，是业内权威的酒店集团排名体系之一。截至 2020 年底的排名数据，万豪国际集团地位依旧稳固，在客房数量以及集团营收方面四年蝉联世界第一。以万豪集团创始人的名字命名的 JW 万豪酒店

不仅是万豪集团旗下的高端品牌，而且是万豪集团三十多个品牌中最形象化的缩影。因此，以JW万豪酒店为例研究高端酒店的用户画像具有代表性。根据JW万豪酒店官方网站数据，JW万豪酒店在中国16座城市中建设有22家酒店，除去未开业的两家酒店，剩余20家酒店在国内14座城市中营业。因此应用案例中的数据获取和分析处理应以这20家酒店为主体展开。

本应用案例以高端酒店JW万豪为例，以在线评论为基础数据，借助百度智能云判断带有情感色彩的主观性文本，结合Rost软件构建社会语义网络分析图和用户画像，找到用户关注的产品特征以及态度，剖析用户核心诉求，以期能够为酒店精准营销提供依据，让酒店更有把握乘上时代发展的巨轮。

三、研究思路

单晓红提出用户画像构建模型流程主要包括用户画像概念模型、用户画像模型实现和用户画像可视化分析三个步骤。[40]据此，设计本应用案例的研究思路，如图10-1。

（一）用户信息属性

用户信息属性描述用户的基本特征，反映了酒店用户入住情况，包括用户入住时间和出行方式。用户入住时间反映了用户出行的时间分布和用户群体出行的时间规律特征；用户出行方式包括商务出差、朋友出游、家庭亲子、情侣出游和其他，是刻画用户群体行为的特征属性。

（二）酒店信息属性

酒店信息属性是酒店的基本特征，反映了用户对酒店的偏好，包括酒店名称、所在区域、详细位置、房间类型和价格等。酒店区域描述了酒店所处地区，详细位置是酒店的具体位置，房间类型包括大床、标准间等，价格是用户入住房间的价格。这些信息可以帮助商家分析用户选择酒店的产品类型，有针对性地开展市场营销活动。

（三）用户评论信息属性

用户评价信息表达了用户对酒店的观点，包括评论内容、评论日期、点赞数和总评分。评论内容蕴含了用户对酒店的印象和态度；总评分反映了用户对酒店的整体评价；评论日期可以反映评论发生的时效性。用户评论信息通过 AI Studio 计算用户评论的情感极性，以 0.5 分为界限，正向评论大于 0.5 分，负向评论小于 0.5 分来判断评论的情感正负。

四、数据处理

本应用案例以大量用户基本信息和用户评论信息为基础，数据采集借助八爪鱼软件实现，在携程网上爬取营业中的 20 家 JW 万豪酒店的用户基本信息和用户评论信息。用户

基本信息包括用户入住时间和出行方式等，共获取 162579
条数据。用户评论数据的时间跨度从 2018 年 6 月至 2022 年
1 月，共获取 38130 条，剔除语义不清晰或重复的无效评论，
得到有效评论数 34468 条（如表 10-1）。另外，还通过百度
地图获取了 20 家酒店的地理位置信息、酒店与公共交通距
离、房型种类及其对应房价。

表10-1 用户基本信息和用户评论数据量

酒店名称	用户数据量（条）	用户评论量（条）
哈尔滨JW万豪酒店	2044	511
北京JW万豪酒店	4012	1003
北京粤财JW万豪酒店	2140	535
银川JW万豪酒店	2172	543
曲阜鲁能JW万豪酒店	5712	1428
郑州绿地JW万豪酒店	8721	2178
上海明天广场JW万豪酒店	3136	784
上海新发展亚太JW万豪酒店	5276	1319
上海东方美谷JW万豪酒店	1076	269
上海鲁能JW万豪侯爵酒店	7156	1789
成都茂业JW万豪酒店	14640	3660
安吉JW万豪酒店	3072	768
重庆JW万豪酒店	14084	3521
杭州JW万豪酒店	4192	1048
深圳前海华侨城JW万豪酒店	5248	1357

续表

酒店名称	用户数据量（条）	用户评论量（条）
金茂深圳JW万豪酒店	15128	3782
香港JW万豪酒店	1956	489
澳门JW万豪酒店	32795	4685
三亚山海天JW万豪酒店	20552	5138
三亚海棠湾JW万豪酒店	9292	2323

五、研究过程

（一）用户信息属性分析

1. 用户入住时间分析

将获取的 20 家 JW 万豪酒店的用户入住数据进行汇总整理，得出各个月份用户入住的数量，从而判断用户选择入住时间的偏好。

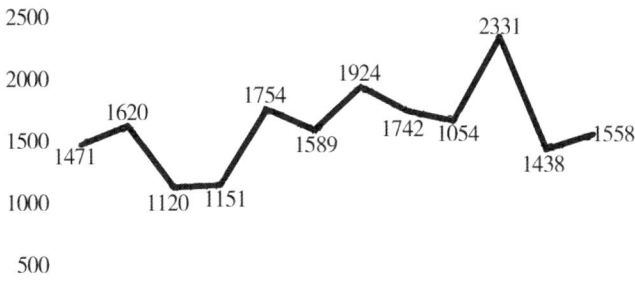

图 10-2　酒店用户入住时间统计

从图10-2可以看出2月、5月、7月和10月这四个月份，分别为各自四个季度中的入住高峰期。在一年中，顾客入住酒店3月份为最低峰，10月为最高峰。

2. 用户入住动机分析

由于JW万豪品牌有20家酒店在国内14座城市中营业，这些城市不仅地理位置差异大，而且城市差异也比较显著，因此根据酒店顾客入住的需求动机不同进行酒店类型划分。将爬取到的每一家酒店的用户入住类型数据转换成txt格式，然后上传至Rost分别进行分词和词频分析，筛选出用户的出游类型，在Excel中建立表格并且计算出各入住类型所占比例，由此判断用户入住各酒店的需求和动机。

表10-2　酒店用户入住类型分析统计

酒店名称	入住类型占比				
	亲子家庭	商务出差	情侣出游	朋友出游	独自旅行
哈尔滨JW万豪酒店	15%	55%	18%	7%	5%
北京JW万豪酒店	9%	75%	6%	6%	4%
北京粤财JW万豪酒店	24%	52%	11%	8%	5%
银川JW万豪酒店	32%	51%	7%	6%	4%
曲阜鲁能JW万豪酒店	59%	22%	7%	7%	5%
郑州绿地JW万豪酒店	19%	61%	9%	5%	6%
上海明天广场JW万豪酒店	16%	63%	10%	6%	5%

续表

酒店名称	入住类型占比				
	亲子家庭	商务出差	情侣出游	朋友出游	独自旅行
上海新发展亚太JW万豪酒店	17%	70%	5%	4%	4%
上海东方美谷JW万豪酒店	20%	51%	17%	6%	6%
上海鲁能JW万豪侯爵酒店	26%	45%	14%	10%	5%
成都茂业JW万豪酒店	26%	45%	11%	11%	7%
安吉JW万豪酒店	47%	7%	19%	16%	11%
重庆JW万豪酒店	30%	38%	11%	14%	7%
杭州JW万豪酒店	23%	49%	11%	9%	8%
深圳前海华侨城JW万豪酒店	23%	46%	18%	6%	7%
金茂深圳JW万豪酒店	13%	64%	6%	9%	8%
香港JW万豪酒店	25%	53%	7%	6%	9%
澳门JW万豪酒店	49%	7%	20%	18%	6%
三亚山海天JW万豪酒店	52%	9%	18%	12%	9%
三亚海棠湾JW万豪酒店	56%	5%	21%	11%	7%

经整理分析发现，20 家 JW 万豪酒店中，曲阜鲁能 JW 万豪酒店（59%）、三亚海棠湾 JW 万豪度假酒店（56%）、三亚山海天 JW 万豪酒店（52%）、澳门 JW 万豪酒店（49%）和浙江安吉 JW 万豪酒店（47%）这五家酒店的顾客入住主要动机为亲子出游。重庆 JW 万豪酒店顾客入住动机亲子出

游占比 30%，商务出差占比 38%，两种类型占比基本持平。其余 14 家酒店顾客的主要入住动机为商务出差。

（二）酒店信息属性分析

1. 区域位置

为分析酒店在城市中的布局情况，在百度地图中搜索各酒店地理位置及省市人民政府办公所在地，根据酒店与当地省或市政府是否在同一行政区进行赋值，在同一区域赋值为1，反之为 0（如表 10-3）。经分析发现区域位置平均值为0.55，表明 JW 万豪酒店的布局位置与行政中心位置契合度不高。

表10-3　各酒店的区域位置赋值

酒店名称	是否同区域	赋值
哈尔滨JW万豪酒店	是	1
银川JW万豪酒店	是	1
北京JW万豪酒店	否	0
北京JW粤财万豪酒店	否	0
曲阜鲁能JW万豪酒店	是	1
郑州绿地JW万豪酒店	是	1
上海明天广场JW万豪酒店	是	1
上海新发展亚太JW万豪酒店	否	0
上海东方美谷JW万豪酒店	否	0

续表

酒店名称	是否同区域	赋值
上海鲁能JW万豪侯爵酒店	否	0
成都茂业JW万豪酒店	是	1
安吉JW万豪酒店	是	1
重庆JW万豪酒店	是	1
杭州JW万豪酒店	否	0
深圳前海华侨城JW万豪酒店	否	0
金茂深圳JW万豪酒店	是	1
香港JW万豪酒店	是	1
澳门JW万豪酒店	否	0
三亚山海天JW万豪酒店	是	1
三亚海棠湾JW万豪酒店	否	0
平均值		0.55

2. 交通便捷性

为研究 JW 万豪酒店的交通便捷性以及酒店与周边公共交通的连接程度，在百度地图上分别搜索 JW 万豪 20 家酒店的地理位置，查找酒店距离最近的地铁或公交站，并利用百度地图自带的测距工具测量步行距离与时间，经整理得出如表 10-4 统计结果。

表10-4 各酒店与最近公共交通距离与时间

酒店名称	地铁（公交）	机场	高铁
	米/分钟（步行）	公里/分钟（驾车）	公里/分钟（驾车）
哈尔滨JW万豪酒店	190/3	39/33	12/23
北京JW万豪酒店	340/6	28/25	5.6/10
北京JW粤财万豪酒店	460/7	37/36	5.1/10
银川JW万豪酒店	660/10	30/41	13/17
曲阜鲁能JW万豪酒店	920/14	91/79	3/8
郑州绿地JW万豪酒店	870/13	33/37	7.1/12
上海明天广场JW万豪酒店	350/4	14/17	3.2/13
上海新发展亚太JW万豪酒店	450/7	8/16	5.4/19
上海东方美谷JW万豪酒店	450/9	36/39	39/58
上海鲁能JW万豪侯爵酒店	740/15	24/26	14/22
成都茂业JW万豪酒店	390/6	18/24	7.4/17
安吉JW万豪酒店	1300/19	108/86	67/60
重庆JW万豪酒店	440/7	23/28	8.1/17
杭州JW万豪酒店	830/12	41/33	5.7/19
深圳前海华侨城JW万豪酒店	660/10	15/27	25/35
金茂深圳JW万豪酒店	210/3	30/27	11/17
香港JW万豪酒店	310/5	38/34	9.6/13
澳门JW万豪酒店	660/10	5/7	24/49
三亚山海天JW万豪酒店	610/9	20/37	12/24
三亚海棠湾JW万豪酒店	370/5	42/42	36/37
平均/结果保留整数	560/9	34/35	16/24

将各酒店距离最近地铁站或公交站步行距离和时间汇总后计算均值，得出全国 20 家 JW 万豪酒店距离公共交通的平均步行距离为 560 米，平均步行时间为 9 分钟，表明 JW 万豪酒店周边交通便捷。距离机场的平均距离为 34 公里，平均驾车时间为 35 分钟；距离最近高铁站的平均距离为 16 公里，平均驾车时间为 24 分钟，表面 JW 万豪酒店的交通可进入性高。

3. 酒店类型

根据酒店的主要客源是商务出差、家庭亲子、情侣、朋友等群体，可以判断酒店的类型定位。由表 10-2 可得出曲阜鲁能 JW 万豪酒店、三亚海棠湾 JW 万豪度假酒店、三亚山海天 JW 万豪酒店、澳门 JW 万豪酒店和浙江安吉 JW 万豪酒店这五家酒店的主要客源为亲子出游，由此判断这五家酒店类型为休闲度假型酒店。重庆 JW 万豪酒店的主要客源中，亲子家庭和情侣朋友明显高于商务出差，因此判断该酒店也为休闲度假型。其余 14 家酒店的主要客源都为商务出差，将其定位为商务差旅型酒店。

4. 酒店房型

通过查询携程网中 JW 万豪酒店的房型以及房价，发现 20 家 JW 万豪酒店的房型虽各有不同，但都有双床房、大床房、行政双床房、行政大床房、套房五类房型。其余不同的房型主要是根据各自的地理位置所设置的城景房、湖景房、江景房和海景房等。

5.酒店房价

根据携程网上显示的价格计算每家酒店的平均房价与 20 家酒店的整体平均房价（如表 10-5）。因套房价格与其他房型价格差距较大，故未作横向对比。

表10-5　各酒店平均房价

酒店名称	平均房价（元)				
	双床房	大床房	行政双床房	行政大床房	套房
哈尔滨JW万豪酒店	1038	1075	1221	1221	2446
北京JW万豪酒店	1339	1353	2012	2012	22042
北京JW粤财万豪酒店	1693	1787	1690	1690	17500
银川JW万豪酒店	668	668	868	868	3085
曲阜鲁能JW万豪酒店	608	608	812	812	0
郑州绿地JW万豪酒店	548	548	708	708	9856
上海明天广场JW万豪酒店	1411	1411	1934	1817	2458
上海新发展亚太JW万豪酒店	1643	1643	2011	2011	3293
上海东方美谷JW万豪酒店	2192	2192	3479	3474	4062
上海鲁能JW万豪侯爵酒店	2072	2170	2678	2744	4638
成都茂业JW万豪酒店	1475	1391	1516	1516	5451
安吉JW万豪酒店	1366	1133	1705	1589	7751
重庆JW万豪酒店	1027	1027	1144	1144	1581

续表

酒店名称	平均房价（元）				
	双床房	大床房	行政双床房	行政大床房	套房
杭州JW万豪酒店	1132	1132	1528	1528	2256
深圳前海华侨城JW万豪酒店	1382	1500	1807	1924	2461
金茂深圳JW万豪酒店	927	888	1218	1145	1102
香港JW万豪酒店	1760	1600	3055	2696	3913
澳门JW万豪酒店	787	697	1176	1148	1729
三亚山海天JW万豪酒店	1333	1381	2127	2025	10430
三亚海棠湾JW万豪酒店	2559	2362	2683	2460	4457
平均值/结果保留整数	1348	1328	1769	1727	5526
中位值/结果保留整数	1353	1367	1698	1640	3603
偏斜度/结果保留两位数	0.50	0.38	0.69	0.72	1.94

由表10-5可以得知，20家JW万豪酒店中大床房房型的价格平均值和中位值差距最小，偏斜度为0.38，说明该房型在各城市的市场价值差距最小。双床房、行政双床房和行政大床房的价格平均值和中位值差距中等，偏斜度为0.50~0.72，属于中等偏态分布，说明这三种房型在各城市的市场价值差距不大。套房房型的价格平均值和中位值差距明显，偏斜度为1.94，属于高度偏态分布，说明套房房型在各城市的市场价值差距显著。

（三）用户评论信息属性分析

1.总体评分

在携程网上查找 JW 万豪 20 家酒店各自的顾客点评评分，JW 万豪 20 家酒店的最低评分为 4.5 分，最高评分为 4.8 分，平均评分为 4.7 分，总体上处于较高水平。统计结果如表 10-6。

表10-6　各酒店综合评分

酒店名称	评分
哈尔滨JW万豪酒店	4.6
北京JW万豪酒店	4.7
北京JW粤财万豪酒店	4.7
银川JW万豪酒店	4.7
曲阜鲁能JW万豪酒店	4.5
郑州绿地JW万豪酒店	4.4
上海明天广场JW万豪酒店	4.5
上海新发展亚太JW万豪酒店	4.7
上海东方美谷JW万豪酒店	4.8
上海鲁能JW万豪侯爵酒店	4.6
成都茂业JW万豪酒店	4.7
安吉JW万豪酒店	4.7
重庆JW万豪酒店	4.7
杭州JW万豪酒店	4.8

续表

酒店名称	评分
深圳前海华侨城JW万豪酒店	4.6
金茂深圳JW万豪酒店	4.7
香港JW万豪酒店	4.7
澳门JW万豪酒店	4.7
三亚山海天JW万豪酒店	4.7
三亚海棠湾JW万豪酒店	4.6
平均（结果保留一位小数）	4.7

2. 评论情感判断

百度智能云开源的 PaddleHub 平台提供了百亿级大数据训练的预训练模型，其生态下的 AI Studio 可以判断带有主观描述的中文文本的情感极性，并给出相应的置信度。用户评论的情感正面概率表示了这一段评论是积极评论的概率大小，以 0.5 分为界限，某一条评论的情感正面概率低于 0.5 时判断为消极，大于等于 0.5 时判断为积极。将八爪鱼中爬取到的用户评论数据上传至 AI Studio 中的情感分析模型后，得到相关数据如表 10-7 和表 10-8。

表10-7　用户评论情感倾向统计

	数量	占比
积极评论	29275	85%
消极评论	5193	15%

表10-8　用户评论情感正面概率

	情感正面概率均值	情感正面概率总均值
积极	0.94	0.81
消极	0.14	

从表10-7可以看出，在20家JW万豪酒店中用户积极评论量要远高于消极评论，说明整体上JW万豪酒店的品质是优秀的。但是从表10-8中获取到消极评论的情感正面概率均值只有0.14，表现出极端的抵触，说明酒店的一些不足之处对于顾客的消极影响是突出的，是酒店方需要重点去改进的。

根据用户评论的积极和消极分类，利用线上WordItOut软件生成积极评论和消极评论的标签云（图10-3和图10-4），可以直观看到这两类评论的关注点。

图10-3　积极评论标签云

图 10-4　消极评论标签云

可以看出，积极评论中用户对于酒店的服务和卫生等方面是重点关注并且满意的，消极评论中用户对于酒店的前台服务和环境等方面表现出厌恶情绪。

整体上来说，用户积极评论占比 85%，用户评论情感正面概率总均值为 0.81，足以体现出顾客对在 JW 万豪酒店的入住体验是满意和认同的。

3. 语义网络分析

将全部用户评论在 ROST 软件中使用网络可视化工具 NetDraw 生成整体用户评论网络结构图（图 10-5）。由图 10-5 可以看出，服务、早餐、入住、房间等节点网络连接边数较多，这些节点处于整体用户评论网络的中心位置，在网络中扮演着重要的角色，与其他节点的联系较为密切。而大堂、泳池、餐厅等节点网络连接边数较少，这些节点处于网络的边缘位置，与其他节点的联系较为稀疏。

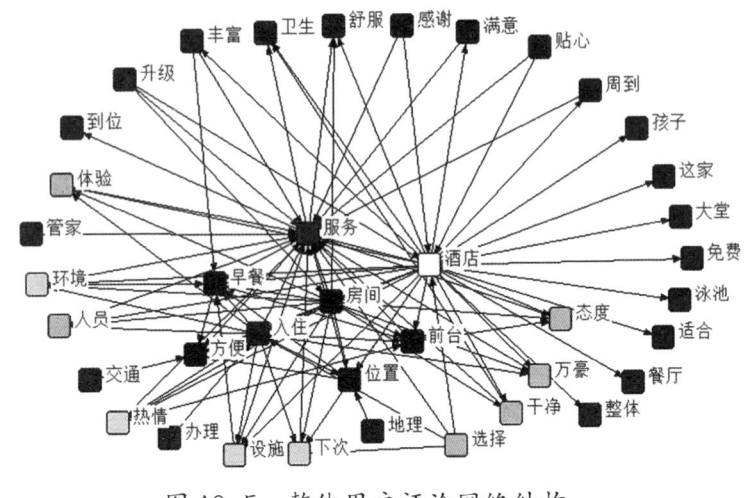

图 10-5　整体用户评论网络结构

在网络结构图中显示各节点的点度中心性，点度中心性越大，说明这些节点在网络中就越重要，在网络中就越靠近中心位置。在整个用户评论网络结构图中，各节点的点度中心性指标排序前五的测量值如表 10-9 所示。点度中心性前五的节点依次为酒店、服务、房间、入住和早餐，说明 JW 万豪酒店的顾客在整体上对于酒店本身是十分看重的，而酒店的服务、房间、入住和早餐是影响顾客体验的重要因素。

表10-9　整体用户评论节点的点度中心性前五的节点

序号	节点	点度中心性
1	酒店	33
2	服务	27
3	房间	18
4	入住	16
5	早餐	10

　　根据酒店的类型将用户评论分为休闲度假型酒店用户评论和商务差旅型用户评论。两种类型酒店的用户评论网络中，各节点的点度中心性指标排序前五的测量值如表10-10所示。

表10-10　休闲度假型酒店和商务差旅型酒店用户评论节点的
点度中心性前五的节点

休闲度假型酒店			商务差旅型酒店		
序号	节点	点度中心性	序号	节点	点度中心性
1	酒店	36	1	服务	30
2	服务	26	2	酒店	28
3	房间	17	3	房间	15
4	入住	15	4	位置	12
5	早餐	10	5	早餐	11

在休闲度假型酒店用户评论网络结构图中，点度中心性前五的节点依次为酒店、服务、房间、入住和早餐。可见休闲度假型酒店顾客对于酒店的主要关注点和 JW 万豪酒店整体用户的主要关注点是一致的。

商务差旅型酒店用户评论网络结构图中，点度中心性前五的节点依次为服务、酒店、房间、位置和早餐。不难看出，商务差旅型酒店顾客对于酒店的主要关注点除了位置以外，和休闲度假型酒店顾客基本一致。

六、研究结果

（一）用户信息属性方面

从一年中来看，10 月份是顾客出行入住 JW 万豪酒店的最高峰，3 月份是最低峰。从每个季度来看，2 月、5 月、7 月和 10 月是各季度的顾客入住最高峰，同时也是这四个季度中顾客入住显著下滑的分割点。

（二）酒店信息属性方面

JW 万豪酒店整体上的位置布局与行政中心位置契合度不高，但是距离公共交通平均 9 分钟的步行时间体现出 JW 万豪酒店地理位置的交通便捷；距离机场和最近高铁站的平均驾车时间为 35 分钟和 24 分钟，表明了 JW 万豪酒店的交通可进入性高；JW 万豪酒店都具备双床房、大床房、行政双床房、行政大床房、套房五类房型；在客房价格上，大床房房型在各城市的市场价值差距最小，双床房、行政双床房和行政大床房的价格平均值和中位值差距中等，套房房型在各城市的市场价值差距显著。

（三）用户评论信息属性方面

在酒店评分上，顾客对于JW万豪酒店的平均评分高达4.7分，总体上对于JW万豪酒店是满意的，但是消极评论的极低情感正面概率均值为0.14，表现出消极评论顾客对于酒店极端的抵触性，说明酒店的一些不足之处对于顾客的消极影响是突出的，需要引起酒店方的重视；从用户评论内容的语义网络分析上，可以看出休闲度假型酒店用户评论和整体用户评论在度中心性前五的节点中是一致的。商务差旅型酒店用户评论网络节点中，点度中心性前五的节点只有"位置"节点与另外两者是不同的，表现出商务差旅型酒店的顾客对于酒店位置的突出关注。

七、研究建议

第一，在房价策略上，通过研究JW万豪酒店的用户画像之后，酒店可以在2月、5月、7月和10月这四个月份将房价调整到季度最高；另外，这四个月份虽然都是季度入住的最高峰，但从一年中来看这四个月的入住量也是阶梯式递增的，因此四个季度的最高房价设置也可以呈阶梯式递增，在10月时达到一年中的峰值。3月、4月、9月和11月为季度入住量的最低峰，可以采用降低房价来吸引顾客。

第二，对于酒店产品、服务以及酒店设施的改进，通过用户画像掌握用户的消费属性和消费偏好之后，可以推荐用户关注产品，从而避免用户收到无关的产品推荐信息，减少资源和时间的浪费。在维持85%好评顾客群体所关注的服务和卫生方面，要重点改进15%极端差评顾客所诟病的前台办理入住差、酒店环境堪忧、卫生不好和酒店员工服务差等方面的问题。在酒店服务态度和卫生等软实力方面，既有积极评论也有消极评论，需要加强对酒店服务人员的素质素养培训，提高他们的服务质量，进而提升客户满意度。

第十一章 酒店卫生事件网络舆情内容研究

一、应用目的

一是明确网络舆情的概念界定。

二是了解旅游突发事件引发的网络舆情的分析维度。

三是能梳理舆情内容的故事线，在舆论中精准把握顾客的诉求点，给出针对性回复内容。

二、应用背景

社交媒体的出现为公众表达观点提供了平台，同时也为企业收集潜在消费者的意见提供了新渠道。舆论，即众多人的言论，舆情可以认为是众多人言论的总体情况。一方面，针对某一事件，公众的言论不可能完全相同，其评论对象、情感态度、谈论内容呈现多样化；另一方面，众多的言论又会出现反映多数人观点一致的倾向性，这种倾向性对事件主体的行动决策有重要参考价值，有时甚至对导向起到决定作用。

酒店业的服务质量关乎整个旅游业的发展，作为旅游六要素之一的"住",酒店的卫生状况对客人而言是基本要求。然而近年来,酒店卫生乱象的事件被频繁曝光,从饮具不消毒、清洁抹布不分类到客房布草不更换,几乎囊括客房内各类用品,并且从经济型快捷酒店到昂贵的星级酒店均有涉及。卫生事件严重打击了市场信心,故研究卫生事件的舆论信息,提炼大众意见,对行业整改、重拾顾客信任至关重要。大数据时代,大众使用网络形成的各类被动的足迹信息,以及发布于网络的文字、图片、视频等自主信息被高度聚合,这些信息为网络舆情分析提供了便利。酒店的卫生状况对客人而言是基本要求,所以研究酒店卫生事件下公众的舆论内容,对重建消费者信心、促进行业发展意义重大。

三、案例描述

2018 年 11 月 14 日,新浪微博用户"花总丢了金箍棒"(下文简称"花总")在微博平台发布一则时长 11 分 49 秒的名为"杯子的秘密"的视频。花总在入住酒店期间,用放置在酒店客房洗手间的隐蔽摄像头,记录下所住 14 家五星级酒店客房的清洁过程,反映了客用毛巾当作清洁抹布、清洁抹布混用、一次性用品回收再利用、清洁抹布同时擦拭杯具和马桶等不符合客房杯具清洗消毒程序和卫生标准的现象。其中售价约 4500 元一晚的上海 B 酒店甚至出现客房服务人员从垃圾桶里捡出一次性杯盖继续给客人使用的现象。11 月 15 日,北京市卫生健康监督所对涉事的北京酒店进行采样检测，随后其他酒店所在城市的卫生监督部门相继做出处罚。

该微博发布后迅速引起了网友的关注，点赞、评论、转发数量不断增加，并且引发网友对多个相关热门话题的讨论居高不下，如话题"杯子的秘密""五星酒店卫生乱象""上海 7 家五星级酒店被罚 2000"。这说明该事件有充足的数据来源，引发了较大的网络关注度，将其作为网络舆情的分析案例具有可靠性。

案件所涉及的 14 家酒店均为五星级酒店，且是国际知名酒店管理集团下属品牌，这些业界标杆性的酒店所存在卫生乱象，反映了整个酒店行业卫生清洗消毒环节的问题。所涉酒店的客房价格均在千元以上，高消费仍存在卫生不达标的现象，这给消费者对五星级酒店的品牌认知带来了巨大冲击。卫生安全可以说是对酒店客房的基本需求，因而该事件对消费者的信任和行业发展信心的影响程度不容小觑。同时，该视频在网络引发热议，且在舆论倾向明显的情况下，各涉及酒店的回应情况难以服众，具体回复内容如表 11-1。

表11-1　涉事酒店应对网络舆情当日回复内容

涉事酒店	11月14日当天回复内容
上海浦L酒店	酒店前台表示，视频里曝光的情况，需要交由酒店公关部来做回应。目前工作人员已经下班，明天上班后会尽快给出回复。
上海B酒店	工作人员表示，并不了解相关情况，会将该情况转交给相关部门尽早做出回应。

续表

涉事酒店	11月14日当天回复内容
上海世H酒店	酒店总机表示，知道这个视频，不做任何回应，等明天公关部回复。
南昌X酒店	工作人员表示，会将情况反映给值班经理，稍后做出回应。
贵阳X酒店	工作人员表示，对此事不清楚，明天一早会将情况反映给公关部做相应处理。
上海外滩H酒店	酒店前台表示，会将情况告知公关部，之后由公关部来做回应。
北京K酒店	工作人员表示看过视频，并表示转接给公关部。无人接听后，总机负责人表示公关部可能已下班，会尽快联系公关部负责人，并尽快电话回复。
上海S酒店	工作人员表示，还未看过微博网友投诉的视频，公关部门已经下班，明天一早会联系公关部门做出回应。
上海浦东W酒店	值班经理回复还没有看过视频，让记者发给她，看了之后说会转给公关部，"我们的公关部会查证后给出正式回应。"
上海P酒店	前厅部负责人回复，不知道任何事情，需要跟公关部讲，公关部已经下班了。
北京Y酒店	酒店前台表示，未看过视频，需要等明天公关部上班后作出回应。
北京W酒店	酒店前台将电话转接到公关部，但无人接听。
北京B酒店	前台工作人员表示，没看过相关视频，今天公关部下班了，要明天打给公关部了解情况。
福州X酒店	工作人员表示，已经有记者联系过此事，正在调查，后续公关部会尽快给出回应。

纵观 14 家酒店应对网络舆情的分析有以下三点。

其一，酒店公关部处理事件不到位。表现为舆情应对速度过慢，视频发布当天未有酒店回应声明，速度最快的也是 11 月 15 日 11 时 32 分北京 B 酒店首先做出的声明，之后各酒店才陆续做出回应声明。在危机爆发之初其实就是舆情处理的最佳时期，可以将事件负面影响降到最低，但各酒店公开声明都在事件过去的 16 小时之后，必定会导致事件的进一步升级。

其二，解决问题的态度不积极。酒店回复声明的套路都十分相似。以南昌 X 酒店的公告为例（其他几家的内容高度一致），首先酒店"非常重视"，但视频内容"不能代表日常"；其次强调具有严格管理制度，视频是"员工个人行为"；最后"再次重申""采取一切必要措施"但对具体内容只字不提。对处理事件的行为并没有实质性举措，给公众一种敷衍了事的感觉。这样的回复让消费者看不到酒店对事件的高度重视。

其三，对事件的处理结果大众不认可。本事件中，14 家酒店中有 12 家被处以 2000 元罚款，北京 Y 酒店和贵阳 X 酒店因是累犯，分别处以 15000 元和 20000 元的罚款。网民认为这样的罚款力度还不够在五星级酒店住一晚的房费贵，这种罚款只是象征性政策，并不足以对酒店的行为有惩戒作用，所以网民对处罚难以接受。

四、数据收集及分析方法

(一) 数据收集

案例以 2018 年 11 月 14 日至 2019 年 1 月 31 日期间，在花总"杯子的秘密"微博下的评论为数据来源，剔除了诸如酒店公关处理、客人不当使用杯具等与事件关联性不强的评论内容，最终选取了 1028 条、6 万余字的评论作为酒店卫生事件网络舆情内容分析的数据。

图 11-1 显示了所选取评论数量随时间变化的情况，事件爆发一周内是网络关注的高峰期，随时间推进，评论数量减少。此外，2018 年 12 月 17 日和 2019 年 1 月 8 日出现两次评论小高峰，正是与"花总遭死亡威胁"和"上海处罚结果公布"两个延伸事件被曝光有关。评论数量的时间分布情况符合网络舆情和网络关注度的分布规律，说明数据具有可靠性。

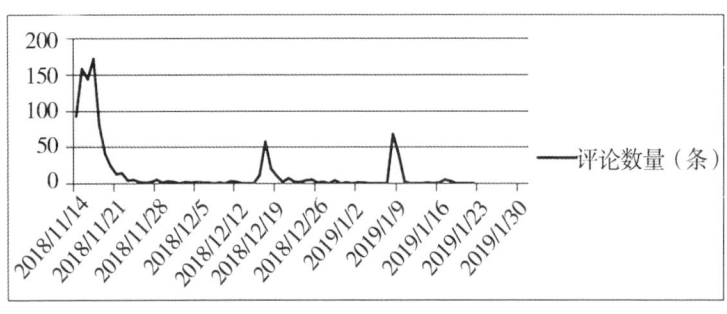

图 11-1　评论数量变化曲线

（二）分析方法

扎根理论是一种质性研究方法，其基本思想是从数据资料中进行归纳式的概括，提炼出理论性的概念，并建立概念之间的联系，最终提升为建构理论。这种自下而上的研究方法，扎根于现实数据资料，经过开放式编码、主轴式编码、选择性编码三个过程，逐渐抽象出新的概念和属性，发现新的理论。扎根理论不是对现有理论进行可验证性的假设，而是根源于大量数据资料，发现待研究的领域并形成新的理论。

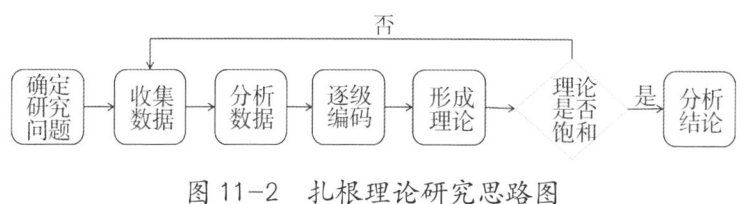

图 11-2　扎根理论研究思路图

五、应用过程

（一）开放式编码

开放式编码（Open Coding）是对评论数据进行内容分析的第一步，将收集到的评论内容仔细阅读、赋予概念，然后再进行归纳总结的过程。这一过程应尽可能保持客观和开放，减少个人偏见，通过识别每一条评论的主题思想，尝试用评论中的原生代码进行命名，实现概念的初始化。

通过对所收集的微博评论内容逐字阅读、详细分析，先形成开放式编码，再将编码归类整理，完成概念化。表 11-2

呈现了部分原始语句进行编码的过程，如语句"支持花总，社会需要你这样的人"，使用语句中原生代码"支持花总"尝试命名，再将这一编码完善，形成"支持曝光举动"的副范畴，共形成 54 个副范畴。

表11-2　开放式编码概念化（部分评论）

概念范畴化	原始评论数据（初始概念）
表达愤怒	一直以为五星酒店会好些，没想到也是这个德行。（五星级酒店一样脏）
理解宽容	……可是有几个人尊重别人的职业了？对服务员大呼小叫的太多了。（尊重清洁工）
支持曝光举动	支持花总，社会需要你这样的人……（支持花总）
维权意识薄弱	特别是中国消费者对于举报维权的意识也还不够，市场没有良性竞争（不维权）
缺职业道德	……服务员那样打扫就是不对的……还不是自己偷懒！（员工偷懒）
建酒店黑名单	如果此种事件曝光一次就拉入黑名单，……试想还有谁敢模仿呢？（黑名单）

（二）主轴式编码

主轴式编码（Axial Coding）是编码的第二个阶段，是以开放式编码所得到的概念范畴化为基础，发掘主范畴及其对应的副范畴，参考现象产生的原因、背景条件、行动（互动）策略、结果等典型模型（Paradigm model），通过不断比较，呈现主范畴和副范畴之间的逻辑关系。这种逻辑关系包括时间先后关系、语义关系、属分关系、对等关系、结构关系、功能关系、过程关系等。案例运用了表征关系、结构关系，归纳出十四个主范畴，即事件内容、事件本身、个体责任、机构管理、行业规范、政府监管、社会监督、微观层面、宏观层面、改进工作流程、提高员工待遇、完善清洁设施、增加违法成本、加强监控管理，主范畴的内涵如表11-3所列。

表11-3 主范畴及其内涵

内容类型	主范畴	副范畴	范畴的内涵
A情感表达	A1事件内容	A11表达愤怒	公众对事件所传达内容的情感判断，从A11至A17公众情绪的激烈程度逐渐降低。
		A12表达不满	
		A13表达担忧	
		A14表达失望	
		A15置身事外	
		A16客观理性	
		A17理解宽容	
	A2事件本身	A21质疑偷拍行为	公众对事件曝光的途径、证据获取的手段、曝光行为价值的情感判断。
		A22支持曝光举动	
		A23曝光无用	
		A24曝光有益	

续表

内容类型	主范畴	副范畴	范畴的内涵
B成因探索	B1个体责任	B11卫生意识弱	酒店负面卫生事件的存在,由员工本身原因所造成,包括员工工作负荷大、工资较低等。
		B12缺职业道德	
		B13工作能力差	
		B14工作负荷大	
		B15无职业认同	
		B16心理易失衡	
		B17薪资不合理	
	B2机构管理	B21酒店节约成本	酒店负面卫生事件由酒店管理层管理不当引起,如清洁工数量不足、自动清洁设备缺失等。
		B22卫生监管不易	
		B23人员配置不齐	
		B24检查标准不当	
		B25操作流程不便	
		B26清洁设备缺失	
		B27违法成本过低	
		B28员工培训不足	
	B3行业规范	B31行业规范不明确	卫生事件的产生是因为酒店行业本身存在的漏洞,如无明确规范,有规范不执行等。
		B32标准执行不严格	
		B33公认行业潜规则	
	B4政府监管	B41政府部门懒政	相关政府部门的监管行为导致卫生事件的频发。
		B42监督机制失灵	
		B43问责机制缺失	

续表

内容类型	主范畴	副范畴	范畴的内涵
C行为决策	B5社会监督	B51工会保障无力	公众承担部分卫生事件频发的责任。
		B52维权意识薄弱	
		B53公众置身事外	
	C1微观层面	C11自带用品	因卫生事件的曝光对消费者使用客房用品和服务的影响。
		C12自行清洁	
		C13拒绝服务	
	C2宏观层面	C21少住酒店	因卫生事件的曝光对消费者是否选择酒店服务的影响。
		C22不住星级	
D对策建议	D1改进工作流程	D11调整雇佣制度	酒店管理层从现有工作制度、清洁方式等角度应对卫生事件。
		D12实行工作轮岗	
		D13卫生用具专用	
		D14统一回收清洗	
		D15额外支付费用	
	D2提高员工待遇	D21降低负荷	针对酒店员工的改进建议。
		D22增加工资	
	D3完善清洁设施	D31配备洗衣机	针对酒店设施的改进建议。
		D32引入机器人	
	D4增加违法成本	D41加大处罚力度	防止酒店卫生事件发生的方法。
		D42建酒店黑名单	
	D5加强监控管理	D51Wi-Fi远程监控	针对卫生事件的事后检验的措施。
		D52严格检验过程	
		D53佩戴记录仪	

（三）选择性编码

选择性编码（Selective Coding）是将主轴式编码所形成的主范畴不断对比和分析，得到核心类属，并且明确核心类属与次要类属之间的逻辑关系，形成新的理论。选择性编码主要完成以下工作：一是明确资料的故事线，二是描述核心类属及其次要类属概念的属性和内涵，三是建立核心类属与次要类属之间的逻辑关系。

通过进一步分析评论内容，确立了四个核心类属，即公众对酒店卫生事件的关注类型，包括情感表达、成因探索、行为决策、对策建议，并对核心类属的内涵做出解释和定义（如表11-2所示）。研究者发现了评论资料中蕴含了由他人到自己再到他人的"故事线"，即公众以"第三人"的视角发表对事件的情感态度（情感表达），分析酒店卫生事件发生的原因（成因探索），然后以"当事人"的视角谈论如果自己是这类事件的当事人应当如何处理（行为决策），而后又以"第三人"的视角提出这类事件的处理意见（对策建议）。

核心类属与次要类属之间的逻辑关系如下：事件内容和事件本身是公众对酒店卫生事件表达情感的一个对象；个人责任、组织管理、行业规范、政府监管、社会监督是酒店卫生事件频发的诱因；公众面对酒店卫生事件的行为决策表现为宏观层面和微观层面；杜绝酒店卫生事件的对策建议包含改进工作流程、提高员工待遇、完善清洁设施、增加违法成本、加强监控管理。

　　基于以上范畴的内涵以及范畴之间的逻辑关系类型，本文确定了"酒店卫生事件网络舆情的关注内容"的核心范畴，在此基础上发现了网民对热点事件关注内容的故事线，具体如图 11-3 所示。

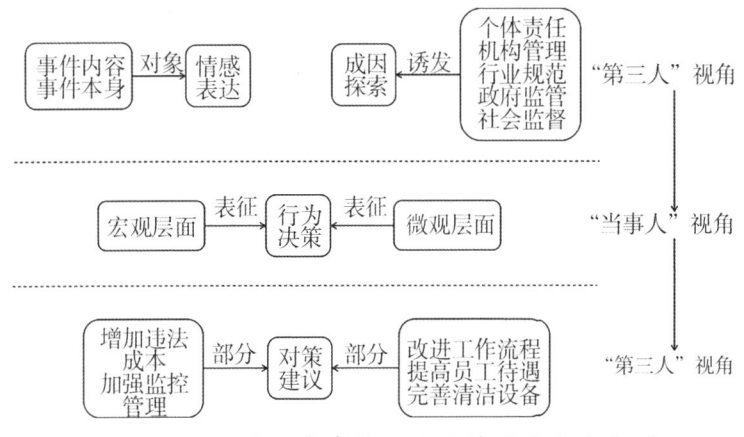

图 11-3　酒店卫生事件网络舆情的内容分析图

六、总结

　　本次案例得到以下两点结论：第一，运用扎根理论发现公众对酒店卫生事件的评论内容类型，形成了 54 个副范畴和 4 个主范畴，即情感表达、成因探索、行为决策和对策建议；第二，研究发现，酒店卫生事件的网络舆情的故事线是由他人至自己再转移至他人的思路。

　　酒店应对突发危机事件，积极处理网络舆情，可以从以下几个方面着手：第一，重视酒店网络舆情带来的影响力。

尽管酒店业关联度高、敏感性强等的特点很容易受到来自舆情危机的影响，但酒店管理层应重视网络舆情所带来的负面影响。事件舆情发生后，应积极做好网络舆情沟通、应急、处理等各方面工作。第二，提高酒店自身应对舆情危机的沟通技巧。可以利用互联网平台传播酒店优秀的服务之道、待客之道，并公开酒店卫生清洁过程。面对舆情危机，通过实际行动，积极纠正行业乱象，树立酒店新形象，改变酒店在公众心目中的负面认知。第三，要正视网络舆情对酒店发展的反馈作用。在网友对舆情事件的评论中，尽管有些批评性甚至谴责性的话语，但也不乏建设性意见，对酒店应对网络舆情有警示和反馈作用。考虑到酒店长远的发展，可以借鉴网友给出的建设性意见，了解自身的不足之处，积极整改，有利于酒店业稳定健康地发展。第四，加强酒店内部管理与培训，完善员工薪资管理制度和奖惩制度。科学安排员工一天的工作量，定期进行职业素质和工作技能的培训，建立严格的奖惩制度，严格执行行业操作标准，对表现优秀的员工给予奖励。

此次应用案例研究酒店卫生事件的网络舆情，只选取了"杯子的秘密"一个事件，未对其延伸事件做关联性研究，同时未进行其他酒店卫生事件的对比研究，故研究成果的普适性还需进一步验证。然而本研究为酒店从业者获知消费者的客房用品需求和进行危机管理提供了思路，未来将在拓宽网络评论数据的收集渠道、实现研究案例的深度挖掘、完善研究成果的有效性检验等方面进一步努力。

第十二章　旅游目的地突发事件网络舆情传播规律分析

一、应用目的

一是明确网络舆情传播的界定。

二是了解旅游突发事件的网络传播规律的分析维度。

三是掌握基本的分析工具和方法，完成舆情事件网络传播案例的分析过程。

二、应用背景

现阶段国内外对舆情危机的研究已形成一定的体系，但是涉及旅游网络舆情分析的研究不多。在网络发达的新媒体时代，信息传播的方式千变万化，传播的速度飞快无比，网络舆论对旅游业发展的影响力越来越高。掌握旅游网络热点事件的传播发酵规律，有助于了解民众的舆论热点，解析旅游热点事件的时空分布情况，从而预防和应对旅游舆情危机，维护旅游目的地的形象，促进行业健康发展。

伴随 WEB2.0 技术、移动网络技术的普及以及社交媒体用户数量猛增，社会大众能够更快速便捷地发表观点、扩散信息，网络成为舆情新阵地。网络舆情是舆情在网络环境下的产物，它以网络为载体，网民针对某一网络热点事件进行情感倾向、态度、观点、意见的表达，并参与该事件的传播与互动，由此形成一定影响力。简言之，网络舆情就是社会公众对热点事件的观点在网络中的体现。新媒体时代，通过网络搜索信息、发表观点已成为主流，旅游热点事件中的网络舆情对旅游目的地形象的影响作用逐渐被重视。

三、事件简述

2017年12月29日，网友"一木行"在微信平台发布了一篇名为《雪乡的雪再白也掩盖不掉纯黑的人心！别再去雪乡了！》的文章。文中详尽描述了自己在黑龙江省某雪乡景区游览时"受宰"的情况。随后该文在微信朋友圈、公众号及各新闻网站被转载传播，关注度持续走高。

文中描述的游客"受宰"情况包括客房价格比网络预订价格涨幅较大、景区商品较普通零售价高数倍、导游私自推销无经营权的民设景点、强制游客给予网络好评等。文章走红之后又相继爆出雪乡导游欺骗、恐吓和强迫游客购买套票，导游群起殴打游客，酒店漫天要价，服务态度恶劣等各类负面新闻，雪乡景区陷入了舆论中心，网络中声讨之声四起，雪乡事件一时间热议如沸。

四、事件网络舆情的时间走势

（一）事件发酵过程

1.事件爆出。2017 年 12 月 29 日，一篇名叫《雪乡的雪再白也掩盖不掉纯黑的人心！别再去雪乡了！》的文章在微信平台中爆出。

2.官方回应。2018 年 1 月 3 日，当地旅游局回应，经查证的确存在价格欺诈行为，对涉及的某景点处罚 5.9 万余元，并责令其限期整改消防、卫生问题。

3.事件升级。2018 年 1 月 15 日，有游客在网络中曝出雪乡导游"宰羊言论"视频，视频中导游把在雪乡游览的游客比作待宰的羔羊，说出"9 个月磨刀，3 个月宰羊，大家都是羊"的激烈言论，该视频在优酷、微博、微信等网络平台中热传。

4.政府整顿。2018 年 1 月 17 日，黑龙江省政府发布相关通知，对冬季旅游市场存在的不合理低价游、强迫消费、黑导游、黑旅店等不法经营行为进行重点整治。

（二）事件网络舆情的时间走势分析

百度是当前国内用户使用量较大的搜索平台，用户输入关键词即可搜索相关信息，搜索量直接反映网民对该关键词所代表事件的关注程度。百度指数是对网民的搜索量做统计和数据处理之后的指标，用其反映网络舆情具有可靠性。案例选择"雪乡""雪乡宰客"两个关键词，结合百度指数，探索事件发酵过程与网络搜索量之间存在的相关性。

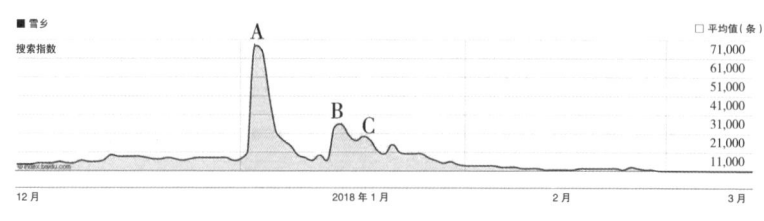

图 12-1 "雪乡"关键字的时间走势

以"雪乡"为搜索关键字的百度指数日平均值中，2018年 1 月 3 日出现第一个峰值（A 点），日点击量达到 67967 条，当天的重要事件是黑龙江某地旅游局做出官方回应。图 12-1 中 A 点左侧的点击量呈陡崖式上升趋势，反映出从 2017 年 12 月 29 日网友"一木行"微信文章爆出后，关于雪乡景区及宰客事件的关注度迅速走高。当地旅游管理部门做出处罚决定后，关注度逐渐下降。2018 年 1 月 15 日出现第二个关注高峰（B 点），点击量为 25903 条，当天导游"宰羊言论"视频流出，引发新一轮关注度。第三个关注高峰（C 点）出现于 2018 年 1 月 18 日，点击量达到 19388 条，当日黑龙江省政府发布了整顿冬季旅游市场的通知，引发了关注度的小幅回升。然而，与第一峰值相比关注程度已经大不如前。

以"雪乡宰客"为搜索关键字的百度指数日平均值，第一高峰（A′ 点）、第二高峰（B′ 点）、第三高峰（C′ 点）

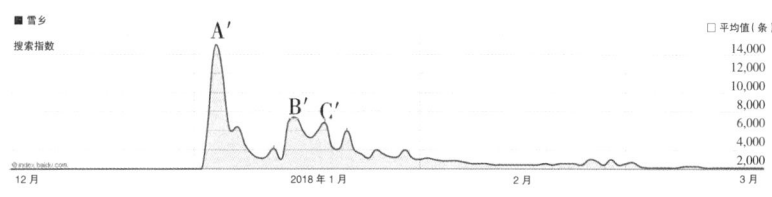

图 12-2　"雪乡宰客"关键字的时间走势

与"雪乡"关键字的三个搜索高峰出现的时间完全一致，进一步印证事件的进展与网络舆情的时间走势是一致的。此外，"雪乡宰客"的点击量远低于"雪乡"的点击量，说明网民不仅关注宰客事件本身，还将关注点延伸至雪乡景区的地理位置、经营情况、旅游概况等其他方面，例如出现"雪乡在哪""住宿""雪乡旅游攻略"等相关搜索。

（三）"雪乡宰客"事件网络舆情的时间走势规律

1.舆情爆发突然，传播速度快

热点事件一经发生，网络舆情井喷式爆发，关注度直线上升。事件相关的文字、图片、视频等信息在微信、新浪微博、论坛，甚至网络新闻等不同的网络平台扩散，传播速度快、范围广，事件影响力大。事件初期网络舆情陡然上升，此时舆论发生最多，舆情最热，给涉事的经营者和当地管理部门形成巨大舆论压力，促使其及时响应、快速处理。正如"雪乡宰客"事件曝出五天后官方公布处罚结果，"宰羊言论"视频流出四天后省政府即下令整改冬季旅游市场。

2. 网络舆情有一定的时效性

网络舆情经过初期大爆发之后会逐渐减弱，虽然减弱过程中会因事件的转折、加深或者相关事件的出现而引发关注的小幅回升，但减弱趋势不可阻挡，对舆论主体的关注终会恢复到事件发生之前的平稳状态。每当热点事件出现新动态时，关注度会在极短的时间内提升，但热度下降也十分快，在两到三天之内，事件点击量就会趋于平稳，很难形成长时间持续的高关注，正如图 12-1 和图 12-2 中点击高峰均呈尖峰状而非梯形。随着时间推移和事件进展，每一次出现高峰的点击量相较于上一次均呈下降趋势，正如图 12-1 的点击量曲线中，C 点低于 B 点，B 点明显低于 A 点。

五、"雪乡宰客"热点事件中网络舆情的空间分布

（一）"雪乡宰客"事件网络舆情的空间分布分析

网络舆情的时间走势清晰地呈现网民何时关注该事件，而空间分布分析则可以明确什么地区的网民更关注该事件，进而分析地域分布差异性的内在原因。"雪乡宰客"事件在网络中引起了广泛的关注，但不同地区网民的关注度是否一致呢？ 2017 年 12 月至 2018 年 3 月的百度指数显示，以"雪乡宰客"为关键字的搜索指数在省份、区域、城市三个维度均不同，表明不同省份、不同区域、不同城市对该事件的关注度均存在差异。

"雪乡宰客"关键字的不同省份的关注度前五名由高到低依次为广东、北京、江苏、浙江、黑龙江。其中广东省的关注度最高，其"雪乡宰客"关键字的搜索量明显高于其他省份，事件发生地黑龙江省的关注度排名第五。

"雪乡宰客"关键字的不同区域的关注程度由高到低依次为华东、华北、东北、华南、华中、西南、西北。华东地区的关注度最高，且搜索量明显高于其他地区；距离事发地黑龙江较近的华北地区关注度处于第二位；事发地东北地区关注度处于第三位；距离较远的华中、西南、西北的关注度较低。

"雪乡宰客"关键字的不同城市的关注程度前五名由高到低依次为北京、上海、哈尔滨、杭州、深圳。"雪乡宰客"事件不同城市的关注度与其所在的区域基本相符，距离较近的北京对此次事件的点击率最高，事件发生地哈尔滨公众对事件的关注度排在第三位，上海、杭州等位于华东地区的城市群对该事件有较高的关注度。

（二）"雪乡宰客"事件网络舆情的空间分布规律

1. 空间分布受地域距离影响

旅游热点事件网络舆情的空间分布会受到地域距离的影响，随着距离加大，关注度呈下降趋势。热点事件的发生地和距离相距较近的地区一般有较高的关注度，而距离远的地区关注度则较弱。公众对于身边事，或者与自己利益相关的事情关注度较高。"雪乡宰客"事件的事发地为东北地区的黑龙江省，东北及相近的华北地区的关注程度较高，而距离较远的西南、西北地区整体关注度低。从城市维度的空间分布中亦可看出，哈尔滨、北京的关注程度是很高的，其余城市相对较低，旅游网络舆情事件的关注范围与事发地距离有一定的关系。

2. 空间分布受地域差异影响

经济发达程度、地理环境差异、人口密集程度、潜在旅游目的地等因素均会成为旅游热点事件网络舆情空间分布的影响因素。华东地区整体经济水平较高，旅游活动需求多，对"雪乡宰客"事件中提及的虚高消费、强制消费等内容更关心。地理环境的差异对空间分布的影响力不容忽视，杭州、广州和深圳等城市虽与事发地哈尔滨相距千里，但因两地之间冬季地貌景观截然不同，北方的雪景是南方游客的潜在旅游目的地，因而雪乡事件的出现容易引起他们的关注。

3. 空间分布由多重因素共同作用形成

地域距离、经济发展程度、环境差异等因素并非单独发挥作用，当前的空间分布情况是由多重因素交叉作用的结果。距离较远的西南地区的关注度排名靠后，但位于西南的成都市因发展水平和环境差异却表现出对该事件较强的关心程度；同处于北方的北京和天津，与事发地距离基本等同，但因经济水平、人口稠密程度的不同，表现出不同的关注程度。

六、结语

以百度指数反映的网民搜索量为切入点，研究旅游热点事件的时间空间分布规律，发现网民的关注高峰与事件走向趋势一致，但关注度有一定时效；空间分布受距离远近、地域差异、人口密度等多种因素共同作用。文章只选取一个事件作为研究案例，仅以百度搜索数据为依据，研究结论有一定局限性，未来将结合多个案例，参考百度指数、微指数及谷歌趋势等多渠道网络数据，开展旅游热点事件网络舆情的客体、主体、本体、媒体等全方位的研究。

参考文献

[1] 陈涛，林杰．基于搜索引擎关注度的网络舆情时空演化比较分析——以谷歌趋势和百度指数比较为例 [J]．情报杂志，2013,32(03):7-10+16.

[2] 吴英鹰．大数据背景下旅游企业网络营销的创新——基于 AISAS 消费者行为分析 [J]．中国商贸，2013,(35):107-108.

[3] 乔向杰．基于大数据的旅游公共管理与服务创新模式研究 [C]// 北京市科学技术协会，北京市社会科学界联合会．北京两界联席会议高峰论坛文集．北京联合大学旅游学院，2013:9.

[4] 于锦华，邵剑兵，张建涛．大数据视角下的区域旅游合作机制探讨 [J]．辽宁经济，2014,(07):17-21.

[5] 曹宁，郭舒．大数据时代旅游产业链的重构、产业趋势与对策 [J]．渤海大学学报 (哲学社会科学版),2015,37(04):64-67.

[6] 宋红娟．教育大数据时代下海南旅游管理专业中青年教师共生系统构建 [J]．特区经济，2015,(05):122-125.

[7] 尹曾曾．基于微博签到数据的游客时空行为模式及情感变化分析 [D]．江西师范大学，2021.

[8] 塔娜．基于 GPS 轨迹数据的北京户外登山旅游者时空

行为研究 [D]. 北京第二外国语学院 ,2021.

[9] 运晓艳 . 基于位置微博的景区热度及空间联系计算 [D]. 河北师范大学 ,2019.

[10] 冉建华 . 基于位置信息的大数据智慧旅游服务平台关键技术研究 [D]. 武汉大学 ,2020.

[11] 金志雍 . 面向位置服务的轨迹挖掘与推荐技术研究及应用 [D]. 桂林电子科技大学 ,2021.

[12] 宋廷山 , 郭思亮 . 旅游客流大数据统计模型构建与验证 [J]. 统计与决策 ,2020,36(24):38-41.

[13] 张宇飞 , 任艳路 , 梁丽敏 . 中国冰雪旅游网络关注度的时空差异与影响因素——基于百度指数 2011—2020 的实证数据 [J]. 世界地理研究 ,2023: 1-15.

[14] 王兰梅 , 陈崇成 , 叶晓燕 , 等 . 网络搜索数据和GWO-SVR 模型的旅游短期客流量预测 [J]. 福州大学学报 (自然科学版), 2019, 47(05): 598-603.

[15] 马威 , 张耀南 , 敏玉芳 , 等 . 基于互联网搜索数据的甘肃省旅游客源地时空分析 [J]. 中国沙漠 ,2016,36(03):857-864.

[16] 曹静如 . 基于文本和网络搜索信息的游客流量预测研究 [D]. 兰州财经大学 ,2023.

[17] 刘培学 , 朱知沛 , 张捷 , 等 . 旅游在线搜索与客流波动的动态关联研究——以南京钟山风景名胜区为例 [J]. 旅游学刊 ,2021,36(11):95-105.

[18] 王浩, 张海芹. 旅游生活化: "网红城市"旅游者行为与体验特征研究——基于百度指数和 UGC 的淄博市游客大数据分析 [J]. 干旱区资源与环境, 2024,38(02):173–180.

[19] 赵振斌, 党娇. 基于网络文本内容分析的太白山背包旅游行为研究 [J]. 人文地理, 2011,26(01):134–139.

[20] 顾渐萍, 王远斌, 刘贵文, 等. 基于文本大数据的游客旅游意象感知挖掘研究——以重庆市为例 [J]. 现代城市研究, 2019,(12):117–125.

[21] 邓宁, 刘耀芳, 牛宇, 等. 不同来源地旅游者对北京目的地形象感知差异——基于深度学习的 Flickr 图片分析 [J]. 资源科学, 2019,41(03):416–429.

[22] 刘逸, 孟令坤, 保继刚, 赵创钿. 人工计算模型与机器学习模型的情感捕捉效度比较研究——以旅游评论数据为例 [J]. 南开管理评论, 2021,24(05):63–74.

[23] 郑淞尹, 孙传明, 谈国新. 基于文本挖掘的中外游客文化感知差异——以世界遗产地为例 [J]. 华侨大学学报 (哲学社会科学版),2022,(01):64–77.

[24] 李峰. 面向访问控制的图像大数据资源安全属性智能获取关键技术研究 [D]. 战略支援部队信息工程大学, 2023.

[25] 宁宝玲. 面向大数据计算的数据划分问题理论分析与高效算法 [D]. 哈尔滨工业大学, 2022.

[26] 尹方超. 基于大数据技术的河北省文化和旅游平台设计与应用 [J]. 数字技术与应用, 2022,40(01):210–212.

[27] 王振坤 . 大数据时代高职外语和旅游专业学生心理教育研究 [J]. 产业与科技论坛 ,2023,22(07):188-189.

[28] 白刚 . 新文科背景下应用型本科旅游数据分析课程体系构建思路 [J]. 旅游论坛 ,2023,16(02):126-133.

[29] 罗如学 , 刘晓丽 , 尤妙娜 . 旅游管理应用型人才协同培养模式创新研究 [M]. 中国书籍出版社 ,2017.

[30] 纪海龙 . 数据的私法定位与保护 [J]. 法学研究 ,2018,40(06):72-91.

[31] 文禹衡 . 数据权力的生成机理、潜在风险与规制路径 [J]. 西安交通大学学报 (社会科学版),2023,43(05):172-180.

[32] 李飞翔 . "大数据杀熟"背后的伦理审思、治理与启示 [J]. 东北大学学报 (社会科学版),2020,22(01):7-15.

[33] 胡元聪 , 冯一帆 . 大数据杀熟中消费者公平交易权保护探究 [J]. 陕西师范大学学报 (哲学社会科学版),2022,51(01):161-176.

[34] 柴海燕 , 刘雨 , 尹春香 . 武汉旅游网络关注度时空分布特征分析——基于百度指数 [J]. 国土资源科技管理 ,2021,38(01):97-106.

[35]Burt R S.Secondhand Brokerage: Evidence on the Important of Local Structure for Managers,Bankers,and Analysts[J]. Academy of Management Journal 2007,50:119-148.

[36] 王美月 . 学术虚拟社区用户社会化交互行为研究 [D]. 吉林大学 ,2021.

[37]Robert A.Hanneman，Mark Riddle. 社会网络分析方法：UCINET 的应用 [M]. 陈世荣，钟栎娜，译 . 北京：知识产权出版社 ,2019.

[38] 陈银飞 .2000—2009 年世界贸易格局的社会网络分析 [J]. 国际贸易问题 ,2011(11):31-42.

[39] 刘逸，保继刚，朱毅玲 . 基于大数据的旅游目的地情感评价方法探究 [J]. 地理研究 ,2017,36(06):1091-1105.

[40] 单晓红，张晓月，刘晓燕 . 基于在线评论的用户画像研究——以携程酒店为例 [J]. 情报理论与实践 ,2018,41(04):99-104+149.

[41]JohnScott. 社会网络分析法 [M]. 刘军，译 . 重庆：重庆大学出版社 ,2016.

[42]JohnUrry(著)，杨慧等 (译). 游客凝视 [M]. 广西师范大学出版社 ,2009:4.

[43] 陈向明 . 质的研究方法与社会科学研究 [M]. 北京：教育科学出版社， 2000.

[44] 刘军 . 社会网络分析导论 [M]. 北京：社会科学文献出版社 ,2004.122.

[45] 刘军 . 整体网分析 [M]. 上海：格致出版社 ,2019:5.

[46] 约翰斯科特 , 彼得 J 卡林顿主编 . 社会网络分析手册 (上卷)[M]. 刘军 , 刘辉 , 译 . 重庆：重庆大学出版社 ,2018.

[47] 中共中央宣传部舆情信息局 , 网络舆情信息工作理论与实务 [M]. 北京：学习出版社 ,2009:1-9.

[48]Svetlana Stepchenkova, Fangzi Zhan. Visual destination images of Peru: Comparative content analysis of DMO anduser-generated photography[J]. Tourism Management ,2013,36.

[49] 曾岚玉 . 大数据时代下旅游目的地信息系统需求分析 [J]. 技术与市场 ,2014,21(10):221-222.

[50] 陈 梅 花 , 路 军 慧 . 基 于 SNA 的 河 南 省 旅 游 流 网 络 结 构 特 征 研 究 [J]. 西 北 师 范 大 学 学 报 (自 然 科 学 版),2017,53(02):129-134.

[51] 戴光全 , 陈欣 . 广州上下九的视觉表征分析——以互联网营销图片为例 [J]. 人文地理 ,2010,25(05):148-153+91.

[52] 戴光全 , 陈欣 . 旅游者摄影心理初探——基于旅游照片的内容分析 [J]. 旅游学刊 ,2009,24(07):71-77.

[53] 邓宁 , 钟栎娜 , 李宏 . 基于 UGC 图片元数据的目的地形象感知——以北京为例 [J]. 旅游学刊 ,2018,33(01):53-62.

[54] 董引引 . 基于百度指数的石窟景区网络关注度时空特征分析——以三大石窟为例 [J]. 河南牧业经济学院学报 ,2017,30(01):10-15.

[55] 付业勤 , 郑向敏 , 张俊 . 旅游网络舆情危机事件的时空分布规律研究 [J]. 财经问题研究 ,2014(09):124-129.

[56] 付业勤 , 郑向敏 . 旅游网络舆情研究体系建构研究 [J]. 重庆工商大学学报 (社会科学版),2015,32(02):74-82.

[57] 耿晓琴 , 雷传方 , 徐虹 . 基于 SNA 的晋陕豫黄河板块旅游经济网络结构特征研究 [J]. 西北师范大学学报 (自然科

学版),2021,57(05):18–25.

[58] 龚金红 , 谢礼珊 . 负面报道中遗产旅游景区的利益相关者网络分析 [J]. 旅游学刊 ,2021,36(7):67–80.

[59] 何月美 , 邹永广 . 旅游突发事件公共治理网络结构特征研究 [J]. 旅游学刊 ,2019,34(4):51–65.

[60] 黄燕 , 赵振斌 , 褚玉杰 , 张铖 . 互联网时代的旅游地视觉表征 : 多元建构与循环 [J]. 旅游学刊 ,2015,30(06):91–101.

[61] 孔令怡 , 吴江 , 魏玲玲 , 曹芳东 , 周年兴 . 旅游凝视下凤凰古城旅游典型意象元素分析——基于隐喻抽取技术 (ZMET)[J]. 旅游学刊 ,2018,33(01):42–52.

[62] 李华 , 王丽娜 . 长江中游区域旅游经济空间关系与网络特征研究 [J]. 统计与决策 ,2021,37(11):93–98.

[63] 李开宇 , 张艳芳 . 中国入境旅游受突发性事件影响的时空分析及其对策 [J]. 世界地理研究 ,2003(04):101–109.

[64] 梁改童 , 高敏华 , 白洋 . 新疆 5A 级旅游景区网络关注度时空分布特征研究 [J]. 西北师范大学学报 (自然科学版),2021,57(02):118–126.

[65] 刘法建 , 张捷 , 陈冬冬 . 中国入境旅游流网络结构特征及动因研究 [J]. 地理学报 ,2010,65(8):1013–1024.

[66] 龙斌 , 连云凯 . 大数据时代旅行社电子商务的变革研究 [J]. 旅游论坛 ,2014,7(03):50–54.

[67] 宋美琦 , 陈烨 , 张瑞 . 用户画像研究述评 [J]. 情报科学 , 2019,37(04):171–177.

[68] 王钦安,曹炜,张丽惠.安徽省红色旅游网络关注度时空分布研究 [J].资源开发与市场,2022,38(05):627–633.

[69] 王赛兰,杨振之.面向大数据的旅游微观数据信息平台研究 [J].四川师范大学学报(社会科学版),2015,42(01):54–61.

[70] 王素洁,李想.基于社会网络视角的可持续乡村旅游决策探究——以山东省潍坊市杨家埠村为例 [J].中国农村经济,2011,315(3):59–69,90.

[71] 王永明,王美霞,李瑞,等.基于网络文本内容分析的凤凰古城旅游地意象感知研究 [J].地理与地理信息科学,2015,31(1):64–67,79.

[72] 吴红焱,杨晓霞.网红景区投射形象与感知形象的对比研究——以重庆万盛奥陶纪景区为例 [J].资源开发与市场,2019,35(12):1556–1560.

[73] 吴妙薇,张建国,崔会平,等.诸葛八卦村游客行为特征与旅游体验评价研究——基于百度指数和网络文本分析 [J].中国农业资源与区划,2019,40(12):259–267.

[74] 吴志才,陈淑莲,郑钟强.社会网络视角下的旅游规划决策研究——以潮州古城为例 [J].旅游学刊,2016,31(12):76–84.

[75] 徐凡,尤玮,周年兴,胡美娟.基于百度指数的网络空间关注时空分布研究——以长三角 5A 级景区为例 [J].资源开发与市场,2016,32(04):489–493.

[76] 张坤, 李春林, 张津沂. 基于图片大数据的入境游客感知和行为演变研究——以北京市为例 [J]. 旅游学刊,2020,35(08):61-70.

[77] 张文亭, 骆培聪. 基于网络文本的目的地旅游形象游客感知与官方传播对比研究——以福建永定土楼为例 [J]. 福建师范大学学报 (自然科学版),2017,33(01):90-98.

[78] 赵杨, 时勘, 王林. 基于扎根理论的微博集群行为类型研究 [J]. 情报科学,2015,33(04):29-34.